**CHEFS-D'ŒUVRE ASCÉTIQUES ET MYSTIQUES**

## Sainte Thérèse de Jésus

# Opuscules
# de la Sainte



*Traduction nouvelle*

par le R. P. Grégoire de Saint-Joseph,
Carme déchaussé.

**V**

*Editions de la Vie Spirituelle.*

# LA VIE SPIRITUELLE

Mensuelle, par fascicules de 96 à 144 pages
35, avenue de la Cour de France, JUVISY (Seine-et-Oise)

Directeurs { R. P. Marie-Vincent BERNADOT, O. P.
{ R. P. Étienne-Marie LAJEUNIE, O. P.

SON BUT : Éclairer les âmes chrétiennes sur les richesses de la vie intérieure. Enseigner tout ce qui peut être utile aux prêtres et aux fidèles pour se rapprocher de Dieu. Exciter une piété forte, éclairée, fondée en doctrine.

*Aux prêtres* elle enseigne l'art de la direction des âmes. — *Aux religieux* elle révèle tous les trésors de leur saint état. — *Aux fidèles* elle expose tout ce qui se rapporte à la vie intérieure.

ÉDITION ORDINAIRE (**20** fr.; Étranger, **30** ou **40** fr.) Chaque numéro contient des articles sur :

*Les Principes et la Pratique* : Études sur la perfection et ses degrés, sur telle vertu particulière, les fêtes liturgiques, la grâce, la prière, les sacrements, etc.

*Les Maîtres et les Modèles* : Les saints considérés soit comme docteurs, soit comme modèles de la vie spirituelle; études variées sur leur vie et sur leurs œuvres.

*Textes Anciens* : Extraits des grands auteurs spirituels de l'antiquité oubliés ou d'accès difficile, toujours en vue de la vie spirituelle.

*Les Idées et les Œuvres* : Monographies des œuvres chrétiennes d'importance générale; chroniques des principales manifestations de la vie spirituelle.

*Bulletins Bibliographiques* : Comptes-rendus très soignés des ouvrages anciens et nouveaux à conseiller aux fidèles pour les lectures spirituelles.

ÉDITION AVEC SUPPLÉMENT (**30** fr.; Étranger, **40** ou **50** fr.)

*Tous les mois, aux cent pages de l'édition ordinaire est ajouté un Supplément pour ceux qui s'intéressent aux questions d'érudition (études historico-doctrinales sur les œuvres des saints, les sources de la mystique, etc.).*

COLLABORATION. — La revue est dirigée par des Pères Dominicains, mais elle n'est pas l'organe exclusif d'une école particulière : elle s'inspire constamment de la doctrine traditionnelle. Elle compte, parmi ses collaborateurs, des évêques, des prêtres séculiers, des religieux Bénédictins, Carmes, Franciscains, Capucins, Eudistes, Sulpiciens, Oratoriens, etc.

*Chèques postaux :* M. BERNADOT, PARIS, C. C. 1268.85

# Œuvres de sainte Thérèse de Jésus

traduction nouvelle du P. GRÉGOIRE DE SAINT-JOSEPH, C. D.

**Vie** de la Sainte écrite par elle-même :

Tome I. . . . . . . . . . . . .   **5 fr.**
Tome II. . . . . . . . . . . .   **5 fr.**

**Relations spirituelles** de la Sainte . . .   **5 fr.**

**Le Chemin de la Perfection** . . . .   **5 fr.**

**Opuscules** de la Sainte. . . . . . .   **5 fr.**

*Pour paraître prochainement :* Les autres œuvres de la Sainte.

---

## DU MÊME AUTEUR :

**Lettres** *de sainte Thérèse de Jésus.* 3 vol. in-8.
2ᵉ édit. . . . . . . . . . . . . .   **30 fr.**

**Avis** et **Maximes** *de saint Jean de la Croix.*
In-8. . . . . . . . . . . . .   **3 fr.**

**Triduum** *en l'honneur de la Bᵗᵉ Anne de Saint-Barthélemy,* compagne de sainte Thérèse de
Jésus. In-8. . . . . . . . . . .   **3 fr.**

N. B. — Ces trois ouvrages sont en vente chez l'auteur, 58, boulevard d'Italie, Monte Carlo, Principauté de Monaco.

---

**Sainte Thérèse de Jésus**, *Docteur mystique,* in-8. En vente chez MM. Aubanel frères, Avignon. . . . . . . . . . . .   **3 fr.**

# Opuscules de la Sainte

# Sainte Thérèse de Jésus

# Opuscules de la Sainte

1. Pensées sur l'Amour de Dieu.
2. Exclamations. — 3. Avis.
4. Constitutions primitives.
5. Manière de visiter les monastères.
6. Poésies.

*Traduction nouvelle*

par le R. P. Grégoire de Saint-Joseph,
Carme déchaussé.

## V

Editions de la Vie Spirituelle

LIBRAIRIE DESCLÉE ET Cⁱᵉ
30, rue Saint-Sulpice, PARIS-VIᵉ

# PENSÉES
## SUR L'AMOUR DE DIEU

# PENSÉES SUR L'AMOUR DE DIEU

## INTRODUCTION (1)

C'est à la demande de ses confesseurs que la Sainte a composé ce traité, comme elle le déclare elle-même au prologue et à la fin du septième chapitre. Quant à l'autographe, il n'existe plus ; la Sainte elle-même l'a brûlé pour obéir à un autre confesseur (2). Celui-ci il est vrai, n'avait d'autre but, en lui demandant un tel acte, que de mettre à l'épreuve sa vertu. Aussi fut-il tout confus quand il constata qu'elle avait obéi sur-le-champ et que le manuscrit était en cendres. Heureusement, quelques copies de ce traité avaient échappé aux flammes (3). Nous en avons quatre principales.

La première copie est celle qui se trouve chez les Carmélites d'Albe de Tormès. Elle est très précieuse,

(1) *Hist. Gen.*, t. I, l. V. c. 38 — *Año Teresiano*, t. VII. — Ms. B. N. 1400, 6296, 12703.

(2) Le P. Yanguas. Le livre dut être brûlé en 1574, lorsque la Sainte travaillait à la fondation du Carmel de Ségovie, car elle eut alors l'occasion de se confesser à ce Père.

(3) *Informations*, Ségovie, Albe, Valladolid, 1616. — Ribéra, VI, 6. — P. Silverio, VI.

non seulement parce qu'elle est la plus complète,
mais encore parce qu'elle porte une double approbation du P. Bagnès, l'une au prologue, l'autre à la
fin du traité. C'est le 10 juin 1575, c'est-à-dire quand
la Sainte vivait encore, que ce religieux, son confesseur et son défenseur dévoué, ne craignit pas de
l'approuver, comme il approuvait, le 7 juillet suivant, le livre de la *Vie* de la Sainte qui venait d'être
dénoncé à l'Inquisition (1). La seconde copie est
celle des Carmes de Baëce (Andalousie); elle est
moins complète que celle d'Albe; elle est cependant
très précieuse à cause de plusieurs variantes que
nous rapporterons. La troisième copie est celle des
Carmélites de Consuégra (Tolède); et la quatrième,
celle des Carmes de Notre-Dame des Neiges (province
de Malaga). Ces deux copies sont à peu près semblables entre elles; mais elles sont très incomplètes.

Ce traité n'a pas été publié par Louis de Léon
dans son édition des œuvres de la Sainte de 1588,
ni dans celle de 1589. Nous ne savons si Anne de
Jésus, qui fut chargée de lui remettre les manuscrits
nécessaires à son travail, lui a confié ce traité. En
tout cas, il n'y a pas de témérité à supposer que,
s'il en a eu en main une copie, il n'ait pas voulu la
publier. Il ne pouvait pas, en effet, avoir perdu le
souvenir de son incarcération le 27 mars 1572 au
Saint-Office de Valladolid, parce qu'il avait écrit
(sans d'ailleurs les enseigner à ses élèves de l'Université de Salamanque) quelques commentaires sur les
*Cantiques* de Salomon. Il se rappelait qu'il était resté

(1) Cf. *Vie* de la Sainte, t. I, *Introduction*, p. 26.
(2) Cf. *Vie* de la Sainte, t. I, Préface, p. 4.

prisonnier de l'Inquisition jusqu'en l'année 1577 (1).
Il ne voulait donc pas s'exposer de nouveau à tomber entre ses mains, en publiant les *Pensées* de la Sainte sur quelques paroles des *Cantiques* de Salomon.

C'est le P. Gratien, supérieur, confesseur et confident par excellence de la Sainte, qui les a publiées le premier en 1611, à Bruxelles (2). Mais son édition est moins complète que la copie d'Albe, avec laquelle cependant elle a beaucoup de ressemblance.

Le P. Gratien nous dit dans un de ses opuscules (3) que la Sainte avait composé un gros volume sur les paroles des *Cantiques* de Salomon, mais que ce livre a été brûlé. Il ajoute que si deux ou trois chapitres de ce traité sur la paix de l'âme ont été sauvés, c'est parce qu'ils avaient déjà été copiés par une religieuse, à l'insu de la Sainte.

Ce Père suppose, comme le P. Emmanuel de Sainte-Marie, l'illustre reviseur des écrits de la Sainte dans la Vieille Castille (4), que ce traité a dû être composé deux fois, et que s'il n'y a pas eu deux

(1) Cf. *Vida y Procesos* del P. M. fr. Luis de Leon por el P. Luis Gelino, O. P., Salamanca, 1907.

(2) Dans une lettre du 12 avril 1611 à sa sœur Julienne, prieure à Séville, et dans une autre lettre du 26 avril 1611 à sa sœur Marie de Saint-Joseph, prieure à Consuégra, il annonce l'envoi de ce livre. De plus, dans une lettre du 1er octobre 1611 à cette dernière il annonce qu'il envoie plusieurs caisses de cette édition à Consuégra, Cuerva, Madrid et Séville.

(3) Cf. *Dialogos de santa Teresa. Dial.* 7, Burgos, 1907, p. 155.

(4) Ms. 1400 B. N. Madrid.

manuscrits, il y a eu au moins des pages complémentaires qui ont été ajoutées à la première rédaction. Telle est aussi l'opinion de M. de la Fuente (1). Nous voyons en effet au chapitre iii de ce traité que la Sainte nous parle du vén. Alphonse Cordibilla qui mourut en 1566... Or elle regarde le fait comme présent. Ce serait donc au plus tard en 1567 qu'elle l'aurait raconté. Nous savons, en outre qu'elle parle au chapitre vii d'une vision qu'elle eut à Pâques à Salamanque en 1571. Le récit de ces deux faits nous autorise donc à supposer qu'il y a eu deux rédactions, ou du moins que la Sainte a introduit des variantes à la première rédaction.

Les copies que nous possédons de ce livre ne nous renseignent pas sur le titre et les divers chapitres qu'il pouvait avoir. Celle d'Albe et celle de Baëce n'en ont pas. Celle de Consuégra a le chapitre vii qui correspond au iii⁽ᵉ⁾ de l'édition de 1611 du P. Gratien, puis le chapitre viii qui correspond au v⁽ᵉ⁾, et un peu plus loin un chapitre non désigné qui serait le ix⁽ᵉ⁾, et qui correspond au chapitre vii de la même édition. La copie de Notre-Dame des Neiges n'a que les chapitres vii et viii de la copie de Consuégra (2). En présence de cet état des diverses copies, nous prenons le parti d'imiter purement et simplement nos devanciers qui ont suivi sur ce point l'édition de 1611 du P. Gratien. Quant aux sommaires que ce Père à placés à chacun des chapitres et qui sont un peu longs, nous leur en substituons d'autres qui sont courts et précis. Nous ajoutons, en outre, que nous

(1) Éd. 1861, t. I, p. 380...
(2) Cf. P. Silverio, IV, *Apendices*, pp. 297-351.

ne donnerons pas les commentaires nombreux et très judicieux qu'il fait de la doctrine contenue dans chacun des chapitres du traité. D'ailleurs ce n'est point son texte que nous suivons.

Notre traduction est faite d'après la copie d'Albe, non seulement parce qu'elle est la plus complète, mais encore parce qu'elle se présente avec une garantie spéciale, celle de la double approbation du Père Bagnès. Néanmoins, malgré tout le respect qui lui est dû, nous la compléterons en différents endroits par le texte des autres copies, comme nous aurons soin de l'indiquer à l'occasion.

# PROLOGUE (1)

Il m'a été donné de constater les miséricordes
de Notre-Seigneur envers les âmes qu'il a amenées dans ces monastères, où sa Majesté a daigné
établir la règle primitive de Notre-Dame du Mont-
Carmel. Quelques-unes de ces âmes reçoivent
même des faveurs très hautes. Celles-là seules
qui comprennent la nécessité d'un guide pour
expliquer certaines choses qui se passent entre
elles et Notre-Seigneur, peuvent avoir une idée
des souffrances qu'on endure, quand on est privé
de lumière. Pour moi, je reçois depuis plusieurs
années une très vive consolation de Notre-Seigneur, chaque fois que j'entends ou que je lis

(1) La *copie d'Albe*, que nous suivons, ne met pas le mot
*prologue*, mais *Jésus, Marie*, ce qui n'est pas d'ailleurs
conforme aux usages de la Sainte.

L'édition du P. Gratien 1611 omet ce prologue.

Le P. Bagnès a mis en marge à cette première page de
la copie *d'Albe* ces paroles : *Ceci est un écrit de Thérèse de
Jésus. Je n'y ai rien trouvé qui me choque. — Fr. Dominique
Bagnès.*

certaines paroles des *Cantiques* de Salomon. Cette
consolation est telle que, sans comprendre clairement quel en est le sens en langue castillane,
mon âme se recueille et s'attendrit beaucoup plus
que si je lisais des livres très pieux dont j'ai l'intelligence. Cette grâce est presque ordinaire ; et
cependant on avait beau m'expliquer ces paroles
en langue vulgaire, je ne les comprenais pas
davantage... (1)

Il y a deux ans, plus ou moins, que Notre-Seigneur, voulant, ce semble, favoriser mon désir
de vous entretenir de ces paroles, me donne
quelque intelligence du sens de certaines d'entre
elles. Cela me servira, je crois, à consoler les
sœurs qu'il conduit par cette voie, et à me consoler moi-même, car il me donnait parfois tant
de choses à comprendre que je désirais ne les
point oublier. Mais je n'osais pas en rien mettre
par écrit. Maintenant, d'après l'avis de personnes
auxquelles je dois obéissance (2), j'écrirai quelque chose des sens divers que Notre-Seigneur me

(1) Il manque ici environ cinq lignes au bas de la page
du manuscrit.

(2) Nous n'avons aucun document qui nous permette de
dire quels sont les personnages auxquels la Sainte obéit ;
ni la date à laquelle elle composa ce traité. Par ailleurs, à la
fin du chapitre VII, elle ne parle plus que d'un confesseur.

découvre dans ces paroles qui réjouissent mon âme. J'éclairerai ainsi cette voie de l'oraison par laquelle le Seigneur, comme je l'ai dit, conduit les sœurs de ces monastères, qui sont aussi mes sœurs. Si cet écrit est digne que vous le voyiez, vous le recevrez comme le faible présent de celle qui vous désire tous les dons du Saint-Esprit, aussi bien qu'à elle-même. C'est en son nom que je commence. Si je dis bien, le mérite n'en viendra pas de moi. Plaise à la divine Majesté que je réussisse! (1)

(1) Il manque ici cinq lignes à la copie d'Albe.

## CHAPITRE I (1)

**Difficulté qu'il y a à comprendre le sens des paroles de la sainte Écriture, et en particulier les *Cantiques* de Salomon.**

*Que le Seigneur me donne un baiser de sa bouche, car vos mamelles sont meilleures que le vin* (2).

Ce texte m'a beaucoup frappée. L'âme, en effet, d'après ce qu'elle fait comprendre, semble parler à une personne et demander à une autre la paix. Après avoir dit : *Qu'il me donne un baiser de sa bouche,* elle paraît aussitôt s'adresser à celui avec qui elle se trouve, et lui dit : *Vos mamelles sont meilleures que le vin.* J'avoue que je ne comprends pas cela; et ce m'est une grande joie de ne pas en avoir l'intelligence. Car, en vérité, mes-filles,

---

(1) Il semble que la Sainte n'ait pas mis de chapitre à ce traité, dès lors que les différentes copies qui en ont été faites n'en portent pas. L'édition du P. Gratien 1611 a divisé cet ouvrage en chapitres auxquels il donne même des *sommaires* qui évidemment sont de lui et non de la Sainte. Il y a donc liberté pour les éditeurs de mettre un *sommaire* de leur choix.

(2) Cant. de Salomon, 1.

notre âme ne doit pas admirer autant les choses de la terre auxquelles, semble-t-il, nous pouvons atteindre avec notre entendement si bas, que celles qui le dépassent absolument ; celles-là, en effet, lui inspirent moins d'admiration et moins de respect pour son Dieu. Aussi veillez bien à la recommandation que je vais vous faire. Lorsque vous lirez un livre, ou que vous entendrez un sermon, ou que vous méditerez sur les mystères de notre sainte foi, et qu'il se présentera des choses que vous ne pourrez pas bonnement comprendre, ne vous fatiguez pas, n'épuisez pas votre esprit à vouloir les pénétrer. Car il y a beaucoup de choses qui ne sont pas pour les femmes ni même pour les hommes.

Lorsqu'il plaît au Seigneur de nous en donner l'intelligence, il le fait sans aucun travail de notre part. Ceci soit dit pour les femmes et aussi pour les hommes qui n'ont pas reçu mission de soutenir la vérité par leur science ; car ceux que le Seigneur destine à nous éclairer de leurs lumières doivent évidemment travailler à pénétrer la vérité, et ces études leur sont fort utiles. Aussi nous devons recevoir avec simplicité ce que le Seigneur nous donne. Quant aux autres choses dont il nous refusera la connaissance, ne nous en préoccupons point ; mais réjouissons-nous et considérons que notre Dieu et Seigneur est si grand qu'une seule de ses paroles renferme en soi mille mystères et que nous autres, nous n'en comprenons pas même les éléments. Si cette parole était en latin, en hébreu ou en grec, il n'y aurait pas lieu de s'en étonner. Mais même dans les Psaumes du glorieux roi David qui ont été traduits dans notre langue, que de passages qui sont pour nous aussi obscurs que le latin ! Aussi gardez-vous bien de fatiguer votre esprit et de faire des efforts inutiles pour les comprendre. Les femmes n'ont besoin que de ce qui peut suffire à leur entendement ; avec cela, Dieu nous comblera de ses dons.

Quand il plaira à sa Majesté de nous les faire comprendre, ce sera sans préoccupation ni travail de notre part que nous en aurons l'intelligence. Pour le reste, nous n'avons qu'à nous humilier, et, comme je l'ai dit, à nous réjouir. Le Seigneur que nous servons est si grand que ses paroles même traduites en notre langue sont encore obscures pour nous.

Il vous semblera peut-être que certaines paroles des *Cantiques* pourraient être dites dans un autre style ; et notre bassesse est telle que je n'en serais point étonnée. J'ai même entendu des personnes avouer qu'elles évitaient plutôt de les écouter. O mon Dieu, quelle misère que la nôtre! Nous ressemblons à ces animaux venimeux qui changent en poison tout ce qu'ils mangent. Quelles grâces merveilleuses Dieu ne nous accorde-t-il pas ici en nous faisant comprendre le bonheur de l'âme qui l'aime et en nous encourageant à lui parler et à mettre en lui notre joie! Malgré cela, nous aurons peur et nous donnerons à ses paroles un sens conforme au peu d'amour que nous ressentons pour lui.

O mon Seigneur, que nous profitons mal de tous les biens que vous nous avez accordés! Votre Majesté cherche mille moyens, mille voies, mille inventions pour nous montrer l'amour qu'elle nous porte. Et nous, si peu exercés à vous aimer, nous en faisons peu de cas. Peu habitués à cet exercice de l'amour, nos pensées s'envolent là où elles sont toujours, et nous omettons de méditer les profonds mystères que renferment ces paroles de l'Esprit-Saint. Que fallait-il donc de plus pour nous embraser de son amour? Est-ce que nous ne savons pas que si Dieu a employé ce langage, ce n'est que pour une raison profonde? Oui certes, je me souviens du sermon vraiment admirable d'un religieux qui roula presque tout entier sur les délices que l'Épouse goûte à traiter avec Dieu. Comme il parlait d'a-

mour au sujet du *Mandatum* (1) et il n'avait pas
à parler d'autre chose ; il y eut un tel éclat de rire
dans l'auditoire et son sermon fut si mal inter-
prété, que j'en fus stupéfaite. Il est clair pour
moi, comme je l'ai déjà dit, que notre exercice
dans l'amour de Dieu est si imparfait qu'une
âme ne peut pas, ce semble, en user de la sorte
avec Dieu. Si les personnes dont je parle n'en
retirèrent pas de profit, c'est évidemment qu'elles
ne comprirent pas le sermon, et, à mon avis, elles
ne s'imaginèrent pas autre chose si ce n'est que
le prédicateur tirait cela de sa tête. Pour moi, je
connais plusieurs personnes qui en ont, au contraire, tiré un si grand bien, de si profondes délices et une telle sécurité contre leurs craintes anté-
rieures que bien souvent elles devaient adresser
des louanges particulières à Notre-Seigneur pour
avoir donné un remède si salutaire aux âmes qui
l'aiment d'un fervent amour. Elles comprenaient
et voyaient qu'il est possible que Dieu s'humilie
à ce point. Leur expérience ne suffisait pas à ban-
nir toute crainte quand le Seigneur leur accordait
de hautes faveurs. Mais à la lumière de ces paroles des *Cantiques* elles se voyaient en sécurité.

(1) On appelle ainsi la cérémonie du lavement des pieds
qui se fait le Jeudi-Saint, ou le sermon qui se prêche
alors.

J'en connais une en particulier(1) qui passa bien des années dans de grandes angoisses : rien ne pouvait la tranquilliser. Or un jour le Seigneur daigna lui donner l'intelligence de quelques paroles des *Cantiques* ; elle comprit alors que son âme était bien guidée. Le motif est celui-ci. C'est que, comme je l'ai déjà dit, elle comprit que l'âme, embrasée d'amour pour son céleste Époux, peut éprouver en sa compagnie toutes ces délices, défaillances, morts, afflictions, joies et jouissances quand elle a laissé par amour pour Lui toutes les satisfactions de ce monde, qu'elle s'est remise et abandonnée tout entière entre ses mains, et cela non en paroles, seulement, comme il arrive pour quelques-uns, mais avec un amour sincère et confirmé par les œuvres.

O mes filles, que Dieu est un bon payeur ! Quel Seigneur et quel Époux vous possédez ! Rien ne lui échappe ; il voit tout ; il entend tout ! Aussi, quelque petits que soient les services que vous puissiez lui rendre, ne laissez pas de les accomplir par amour pour lui. Sa Majesté vous les paiera, car elle ne regarde que l'amour qui vous anime à les accomplir.

Je conclus par ces paroles : lorsque vous trou-

_________

(1) Probablement la Sainte elle-même.

verez, soit dans la sainte Écriture, soit dans les
mystères de notre foi, des choses que vous ne
comprendrez pas, ne vous y arrêtez pas plus que
je l'ai déjà dit. Si vous entendez des paroles de
tendresse sur les rapports intimes de Dieu avec
l'âme, ne vous en étonnez pas. L'amour que Dieu
a eu, et a pour nous malgré notre faiblesse,
m'étonne bien davantage et me jette dans le ravissement. A la vue de cet amour, je comprends
que les paroles dont Dieu se sert pour nous le
montrer ne sont point exagérées : ses œuvres
nous en manifestent davantage encore.

Quand vous serez arrivées ici, je vous en prie
pour l'amour de moi, arrêtez-vous un peu et
considérez ces témoignages d'amour qu'il nous a
donnés et ce qu'il a réalisé pour nous. Vous verrez clairement que cet amour est si puissant et
si fort qu'il l'a jeté dans un abîme de souffrances.
Et quelles paroles pourraient manifester cet
amour et nous étonner encore !

Je reviens donc à ce que j'avais commencé à
dire. Il doit y avoir dans ces paroles de grandes
choses, de profonds mystères ! Elles doivent
renfermer des trésors inestimables. J'ai consulté
des savants ; je les ai priés de m'expliquer ce que
le Saint-Esprit avait voulu dire, et quel est le
véritable sens de ces paroles. Or ils m'ont

répondu que les docteurs en avaient fait beaucoup de commentaires et que, malgré cela, ils
n'avaient pu donner tous les éclaircissements
désirables.

Cela étant, vous trouverez que c'est un excès
d'orgueil de ma part, que de vouloir vous en donner quelque explication. Or tel n'est point mon
dessein. Malgré mon peu d'humilité, je n'ai
jamais cru que cela me serait possible.

Mon dessein, le voici. De même que je trouve
mes délices dans ce que le Seigneur me fait comprendre lorsque j'entends quelques-unes de ces
paroles, de même y trouverez-vous peut-être
comme moi de la consolation, lorsque je vous
les redirai. Et si je n'atteins pas le sens qu'il a
voulu donner à ces paroles, j'atteindrai cependant
le mien, pourvu que je ne m'écarte pas de l'en-
seignement de l'Église et des Saints. Aussi des
gens doctes et capables de comprendre cet écrit,
l'examineront tout d'abord avec soin avant de
vous le laisser lire. Notre-Seigneur, à ce que je
pense, nous le permet. Il nous autorise en effet,
quand nous méditons sa Passion bénie, à nous
représenter qu'il dut endurer beaucoup plus de
souffrances et de tourments que n'en ont raconté
les Évangélistes. De même, ici, pourvu qu'il n'y
ait point de curiosité de notre part, comme je l'ai

dit au début, mais que nous prenions simplement ce que sa Majesté daigne nous faire comprendre, je tiens pour certain qu'il n'est pas fâché que nous cherchions notre consolation et nos délices dans ses paroles et dans ses œuvres. Ainsi serait content et heureux le Roi qui épris d'amour pour un pauvre petit berger qui lui plaît, le verrait regarder tout interdit le manteau de brocard dont il est revêtu et se demander à lui-même : Qu'est-ce ceci? comment a-t-on pu le faire? De même, nous ne devons pas, non plus, nous autres femmes, nous priver absolument des jouissances que l'on goûte dans les biens du Seigneur. Quant à en discuter et à en donner des leçons, en nous imaginant que nous avons raison et que nous n'avons pas besoin des théologiens, voilà ce qui nous est interdit.

Ainsi donc, je suis bien loin de m'imaginer que je vais réussir dans cet écrit, et Notre-Seigneur le sait bien. Mais je ferai comme ce petit berger dont j'ai parlé. Ce m'est une consolation de vous faire part comme à mes filles de mes méditations, où il y aura sans doute beaucoup de petites folies.

Je commence donc avec l'aide de ce divin Roi de mon âme et aussi avec la permission de mon confesseur. Plaise à mon divin Maître, qui a bien voulu que je réussisse dans d'autres écrits que je vous ai adressés (et peut-être c'est sa Majesté qui a parlé par mon intermédiaire, sans doute parce que ces écrits étaient pour vous), qu'il lui plaise, dis-je, de m'aider encore maintenant! En tout cas, je regarderai comme bien employé le temps que j'aurai passé à écrire en occupant mon esprit d'un sujet si divin que je ne méritais même pas d'en entendre parler.

Il me semble que, dans ce texte que j'ai cité au début, l'Épouse parlait à une troisième personne qui est la même que celle dont elle parle. Elle nous donne à entendre par là qu'il y a deux natures dans le Christ, l'une divine, et l'autre humaine. Mais je ne m'arrête pas à cette considération. Mon dessein, en effet, est de ne parler que de ce qui me paraîtra pouvoir nous profiter, à nous qui nous occupons d'oraison. En réalité, tout sert à animer et à remplir d'admiration une âme qui aime passionnément le Seigneur. Sa Majesté n'ignore pas que, si parfois j'ai entendu expliquer quelques-unes de ces paroles, ou si on me l'a donnée lorsque je la demandais, ça été bien rarement. D'ailleurs je ne me rappelle ni peu ni beaucoup de ce qui m'a été dit; car j'ai une très mauvaise mémoire. Aussi je ne pourrai dire que ce que le Seigneur daignera m'enseigner et ce qui conviendra à mon sujet. Quant aux

paroles du commencement du livre des *Cantiques*, je ne me souviens nullement d'en avoir
entendu des explications.

*Qu'il me donne un baiser de sa bouche.* O mon
Seigneur et mon Dieu, quelles paroles que celles-
là pour qu'un ver de terre ose les adresser à
son Créateur! Soyez béni, Seigneur. ô vous qui
avez tant de moyens de nous enseigner! Mais qui
osera, ô mon Roi, prononcer ces paroles, sans
votre permission? C'est là une chose qui effraie,
aussi sera-t-on stupéfait que je conseille de les
prononcer.

On dira que je suis une ignorante, que ce n'est
point là ce qu'on veut dire, que ces paroles ont
beaucoup de significations, qu'il est clair que
nous ne devons point les adresser à Dieu, et que
par conséquent il est bon que les gens simples
ne lisent pas ces choses. J'avoue que ces paroles
renferment plusieurs sens. Mais l'âme embrasée
d'un amour qui la ravit ne veut aucun de ses
sens. Elle n'aspire qu'à prononcer ces paroles,
puisque le Seigneur ne l'en empêche pas. Mais.
mon Dieu. qu'est-ce donc qui nous effraie dans
ces paroles? Ne faudrait-il pas plutôt admirer
l'œuvre elle-même? Est-ce que nous ne nous
approchons pas du très saint Sacrement?

Je pensais même que l'Épouse demandait peut-être cette faveur que le Christ nous a accordée plus tard en demeurant au milieu de nous sous la forme d'un aliment. Je pensais, en outre, qu'elle demandait peut-être cette union si grande que Dieu a réalisée en se faisant homme, cette amitié qu'il a contractée avec le genre humain. Car il est évident que le baiser est un signe de paix et de grande amitié entre deux personnes. Mais combien de sortes de paix y a-t-il? Que le Seigneur veuille bien lui-même nous le faire comprendre!

Avant de passer outre, je veux dire une chose, qu'il me semble bon de noter. Il serait peut-être mieux de la dire plus tard ; mais je craindrais de l'oublier. Je regarde comme une chose certaine, et plaise à Dieu que je me trompe! que beaucoup de personnes s'approchent du très saint Sacrement avec de gros péchés mortels sur la conscience. Et si ces personnes entendaient une âme morte d'amour pour son Dieu prononcer ces paroles, elles seraient dans l'étonnement, et ne verraient là qu'une insigne audace. Je suis certaine, du moins, que ces personnes ne prononceraient point ces paroles ni d'autres semblables qui se trouvent dans le livre des *Cantiques*. C'est l'amour qui les prononce, et comme elles ne possèdent pas l'amour, elles pourront bien lire tous les jours le livre des *Cantiques*, mais elles ne prononceront point ces paroles ; elles n'oseront pas les avoir sur les lèvres. Et en vérité, rien que de les entendre, on est saisi, tant est grande la majesté qu'elles portent avec elles (1). Ah ! Seigneur, cette majesté qui vous accompagne dans le très saint Sacrement est immense. Et comme ces personnes dont je viens

(1) C'est ici que commence le premier paragraphe du manuscrit de Baëce, qui ne se trouve pas dans le manuscrit d'Albe auquel nous nous conformons. Cela fait soupçonner qu'il a peut-être été modifié par la Sainte elle-même. Voici la traduction de ce paragraphe :

« Quand je vois, ô mon Dieu et mon Seigneur, la hauteur de votre divine Majesté et la grandeur de votre souveraine Bonté que vous manifestez en vous communiquant si familièrement à de viles créatures, je ne sais comment elles ne sont pas transportées hors d'elles-mêmes en vous admirant et comment elles ne recherchent pas par tous les moyens possibles votre grâce et votre amitié. Elles voient, en effet, que non seulement vous régalez l'âme en vous faisant son aliment et sa nourriture, mais que vous êtes content qu'elle vous traite comme un tendre et cher Époux, et qu'elle en vienne à vous demander un baiser de votre douce et divine bouche. Vous lui parlez et l'instruisez avec la plus vive sollicitude, afin de lui communiquer vos dons et vos faveurs, et de l'attirer à votre amour. Vos paroles sont celles que vous avez coutume d'adresser intérieurement aux âmes pour qu'elles reconnaissent leurs fautes comme leurs misères et s'appliquent à se détacher des choses de la terre ; mais ces paroles sont telles qu'à les entendre seulement on est saisi de crainte, car elles portent avec elles une grande majesté.

de parler n'ont pas une foi vive mais morte,
vous voient si humble sous les espèces du pain
et considèrent que vous ne leur dites rien, parce
qu'elles ne méritent pas de vous entendre, elles
en arrivent à avoir si peu de respect pour vous.

Ainsi donc ces paroles prises à la lettre porte-
raient véritablement la crainte, si on venait à les
prononcer de sang-froid. Mais il n'en va pas ainsi
pour celui que votre amour, ô Seigneur, a ravi
hors de lui, vous lui pardonnerez bien qu'il dise
ces paroles et d'autres encore, quand même il y
aurait de l'audace de sa part. O mon Seigneur,
si *baiser* signifie paix et amitié, pourquoi les
âmes ne vous demanderaient-elles pas de leur
accorder cette faveur? Quelle chose meilleure
pouvons-nous vous demander? Ce que je vous
demande, ô mon Dieu, c'est que vous me donniez cette paix *avec un baiser de votre bouche.*
C'est là, mes filles, une très haute demande,
comme je vous le dirai dans la suite.

# CHAPITRE II

## La fausse paix et la paix véritable.

Dieu nous préserve de ces nombreuses sortes
de paix qui se trouvent chez les mondains ! Qu'il
ne nous laisse jamais en faire expérience, puisqu'elles n'apportent qu'une guerre qui ne finit
plus ! Voyez l'un de ces mondains : il s'en va très
tranquille, malgré ses énormes péchés, et il est
si calme malgré les vices où il est plongé qu'il
n'éprouve plus les remords de la conscience. Or
cette paix, vous l'avez déjà lu, est un signe que le
démon et lui sont amis. Tant que ce mondain
vivra, le démon ne veut pas lui faire la guerre.
Il y a des gens si pervers qui, pour éviter cette
guerre et non pour témoigner leur amour de
Dieu, se tournent un peu vers lui. Mais ceux qui
agissent de la sorte ne persévéreront pas longtemps dans son service. Dès que le démon s'aper-
çoit de leurs sentiments, il leur donne de nouveau
les plaisirs de leur goût, il les ramène à son amitié, jusqu'à ce qu'il les tienne là où il leur donne à
entendre combien fausse était leur paix. De ceux-

là, nous n'avons pas à parler. qu'ils s'arrangent avec le démon, là où ils se trouvent! Pour moi, j'espère dans le Seigneur, qu'il n'y aura point parmi vous un mal si grand. Il est vrai, le démon pourrait commencer par suggérer une autre paix dans des choses de peu d'importance; aussi tant que nous vivrons, mes filles, nous devons craindre.

Lorsqu'une religieuse commence à se relâcher dans certaines choses qui en soi paraissent peu graves, et qu'elle y persévère longtemps, sans éprouver les remords de la conscience, c'est une mauvaise paix, et le démon peut l'entraîner par là à toutes sortes de maux. Les petites choses de ce genre sont quelque manquement à la Constitution, ce qui en soi n'est pas un péché, le peu de soin qu'on apporte à accomplir les ordres du Supérieur, bien que ce soit sans malice de notre part, mais enfin il tient la place de Dieu; nous devons toujours bien considérer quelle est sa volonté; c'est pour cela que nous sommes venues ici. Il se présente encore beaucoup d'autres petites choses qui en soi ne paraissent pas péché et qui sont cependant des fautes. Nous y tomberons sans doute, car nous sommes remplies de misères, je ne le conteste pas. Mais je dis qu'il faut les regretter lorsqu'on y tombe et comprendre que l'on a fait un manquement. Sans quoi, le démon, je le répète, peut s'en réjouir et peu à peu il rend l'âme insensible à ces petites choses. Je vous déclare donc, mes filles. que si le démon en arrive là, il n'aura pas fait peu de chose; ma crainte est qu'il n'aille plus loin encore. Aussi, pour l'amour de Dieu, veillez très attentivement sur vous-mêmes. Nous devons lutter ici-bas. Au milieu de tant d'ennemis qui nous entourent, nous ne pouvons pas rester les bras croisés; il faut toujours veiller et examiner comment nous allons à l'intérieur et à l'extérieur. Voilà pourquoi je vous dis que malgré certaines faveurs que le Seigneur pourra vous accorder au temps de l'oraison. et les grâces dont nous parlerons plus loin, vous ne manquerez pas de rencontrer. au sortir de là, mille petits obstacles et petites occasions. Ainsi par exemple, on manque à un point par négligence; on n'en fait pas bien un autre; on est dans des troubles intérieurs, ou dans des tentations. Je ne dis pas que cela arrivera toujours, ou très souvent. mais c'est une grande grâce que le Seigneur nous accorde alors : car toutes ces épreuves font faire à l'âme des progrès. Il ne nous est pas possible d'ailleurs d'être ici-bas des anges; ce n'est point notre nature.

Aussi je ne me trouble pas quand je vois une âme aux prises à des tentations très violentes. Car si elle a l'amour et la crainte de Dieu, elle en sortira avec de grands profits, j'en ai la ferme conviction. Mais si je vois des âmes toujours paisibles et sans guerre aucune, comme j'en ai rencontré quelques-unes, je tremble toujours et je ne puis me rassurer sur leur état, alors même qu'elles n'offensent point Notre-Seigneur. Aussi je les éprouve et je les tente moi-même, si je le puis, dès lors que le démon ne le fait pas. Il faut qu'elles voient ce qu'elles sont. J'en ai vu peu d'exemples. Il est possible néanmoins qu'une âme élevée à une haute contemplation soit dans un contentement intérieur ordinaire, car les voies de Dieu sont diverses. Mais, à mon avis, ces âmes ne se comprennent pas; après les avoir examinées, je vois bien qu'elles ont parfois leurs petites guerres, quoique ce soit rare.

Pour moi, je ne porte nulle envie à ces âmes. J'y ai réfléchi avec soin, et je vois bien que celles qui soutiennent la guerre dont j'ai parlé font beaucoup plus de progrès dans toutes ces choses de perfection que nous pouvons comprendre, sans posséder pourtant une aussi haute oraison que les autres.

Je ne parle pas de ces âmes qui sont déjà très

avancées et très mortifiées ; elles ont passé de longues années dans cette guerre, et comme elles sont mortes au monde, Notre-Seigneur leur donne ordinairement la paix ; mais cela ne les empêche pas de sentir vivement les fautes qu'elles commettent et d'en éprouver une peine profonde.

Ainsi donc, mes filles, le Seigneur conduit les âmes par beaucoup de voies ; mais tremblez si, comme je l'ai dit, vous ne regrettez pas les fautes que vous commettez, car il est évident qu'après le péché, même véniel, vous devez être pénétrées de douleur jusqu'au plus intime, et, grâce à Dieu, je crois et je vois que ce sont là vos sentiments à l'heure actuelle.

Remarquez bien une chose et souvenez-vous-en par amour pour moi. Une personne vivante, ne sent-elle pas la moindre piqûre d'une aiguille, ou d'une épine, si petite qu'elle soit ? Or, si l'âme n'est pas morte, et si l'amour de Dieu est vif en elle, n'est-ce pas une grande faveur que le Seigneur lui accorde, de ressentir la plus petite défaillance qui est en opposition avec notre profession et nos obligations ? Oh oui, sa Majesté se prépare un lit (1) de roses et de fleurs dans cette

(1) C'est là préparer à sa Majesté un lit. — *Copie de Baëce et édition du P. Gratien.*

âme quand il lui inspire cette délicatesse, et il est impossible qu'il ne vienne pas prendre ses délices avec elle, alors même qu'il tarderait un peu.

O mon Dieu! que faisons-nous, nous, personnes religieuses, dans nos monastères? Pourquoi avons-nous quitté le monde? Que sommes-nous venues faire ici? Que pouvons-nous faire de mieux que de préparer dans nos âmes une demeure pour notre Époux, et d'arriver enfin au jour où nous puissions lui dire qu'il nous donne *un baiser de sa bouche?*

Bienheureuse l'âme qui lui fera cette demande, et qui, lorsque le Seigneur viendra, n'aura pas sa lampe éteinte, ou lorsqu'elle se sera fatiguée à l'appeler, ne sera pas obligée de s'en retourner! O mes filles, combien notre vocation est élevée! Et qui donc pourrait nous empêcher d'adresser cette parole à notre Époux, puisque nous l'avons choisi pour tel, quand nous avons fait profession! Il n'y a que nous-mêmes à pouvoir y mettre obstacle.

Que les âmes qui seraient scrupuleuses me comprennent bien. Je ne parle pas d'une faute qui se commet en passant, ni de ces fautes que nous ne pouvons pas toujours connaître ni même regretter. Je m'adresse aux âmes qui commettent

ces fautes très ordinairement sans en faire cas,
ni y attacher d'importance, qui n'en éprouvent
point de remords et ne font aucun effort pour
s'en corriger. Je le répète, c'est là une paix dangereuse ; veillez à vous en préserver.

Mais que dirai-je des âmes qui vivent en paix
quoiqu'elles soient très relâchées dans l'accomplissement de leur règle ! Ah ! plaise à Dieu qu'il
n'y en ait aucune ! (1) Le démon doit procurer
cette paix de bien des manières, Dieu le permettant ainsi à cause de nos péchés. Comme je n'ai
pas à traiter ce sujet, je ne veux pas en dire
davantage.

Arrivons à l'amitié et à la paix que le Seigneur
commence à nous montrer dans l'oraison. J'en
dirai ce que sa Majesté daignera m'en faire connaître (2). Il m'a paru bon toutefois de vous dire
quelques mots de la paix que donne le monde et
de celle que nous donne notre propre sensualité.
Vous pourriez trouver ce sujet traité dans un
grand nombre de livres, beaucoup mieux que je
ne le ferai ; néanmoins comme vous êtes pauvres,
vous n'auriez peut-être pas le moyen de vous

----

(1) Le texte fourni dit *ninguna,* et non *ninguna entre
nosotras.*

(2) Car je désire beaucoup votre avancement spirituel.
— *Copie de Baëce.*

procurer ces livres, et peut-être que personne ne vous en fera l'aumône, tandis que cet écrit restera ici et vous y trouverez tout ce que ces livres enseignent.

On pourrait se faire illusion sur plusieurs sortes de paix que donne le monde. De celles que je vais signaler, vous déduirez les autres (1).

On pourrait se faire illusion sur plusieurs sortes de paix que donne le monde. De celles que je vais signaler, vous déduirez les autres, serait-ce avec des richesses qu'on se les procure? (2) Quand on ne manque de rien, qu'on a beaucoup d'argent dans le coffre, et qu'on évite les péchés graves, il semble que tout est fait. On se réjouit d'avoir de la fortune ; on fait l'aumône de temps en temps ; on ne considère pas que ces biens ne nous appartiennent pas, que Dieu ne nous les a donnés que comme à ses intendants, pour les distribuer aux pauvres ; or, il faudra lui rendre un compte exact de tout le temps qu'on les aura gardés inutilement dans le coffre, sans en faire profiter les pauvres qui pouvaient

(1) Ici commence un long fragment qui n'a été reproduit dans aucune édition espagnole jusqu'à celle de La Fuente 1861.

(2) *oh, con riquezas!*

souffrir. Ces réflexions n'ont pas d'autre but que
de nous stimuler à conjurer le Seigneur d'éclairer ces personnes, afin qu'elles sortent de leur
rêverie et ne soient pas châtiées comme le riche
avare. Elles vous serviront aussi à louer sa
Majesté qui vous a voulues pauvres et à reconnaître que c'est là un grand bienfait de sa part.

O mes filles, quelle paix profonde que de n'a-
voir point toutes ces charges, même pour se reposer ici-bas! mais vous ne sauriez concevoir la
joie que cette pauvreté nous réserve pour le dernier de nos jours. Les riches sont des esclaves;
vous, vous êtes les maîtresses, vous allez le comprendre par un exemple. Quel est celui qui a le
plus de repos, du gentilhomme à qui l'on sert à
table tout ce qu'il faut pour la nourriture et à
qui l'on apporte tout ce qui doit le vêtir, ou de
son majordome qui est tenu de lui rendre
compte même d'un maravédis? Celui-là dépense
sans mesure car il s'agit de ses biens personnels;
quant au pauvre majordome, c'est lui qui a
toute la peine, et plus il y a de biens, plus il doit
être sur ses gardes. Il doit être attentif lorsqu'il
s'agit de présenter les comptes, surtout quand
les comptes embrassent plusieurs années; s'il est
un peu distrait, l'écart est considérable; je ne
sais comment il peut vivre en paix.

Ne passez pas plus loin, mes filles, sans louer beaucoup Notre-Seigneur et sans faire toujours des progrès dans ce genre de vie, que vous menez maintenant (1), qui consiste à ne rien posséder en particulier. Nous allons, sans nous préoccuper, prendre la nourriture que le Seigneur nous envoie, et de même que sa Majesté a soin de ne nous laisser manquer de rien, de même nous n'avons aucun compte à rendre de ce qui nous reste. D'ailleurs, il veille à ce que ce qui reste ne soit pas une chose qui nous oblige à en faire la répartition.

Ce qui est nécessaire, mes filles, c'est de nous contenter de peu. Nous ne devons pas avoir les soucis de ceux qui ont à rendre un compte exact de leurs biens, comme le devra tout riche quel qu'il soit. Sans doute il n'a pas à en rendre compte ici-bas ; ce sont ses majordomes qui ont cette obligation, mais quel compte rigoureux n'aura-t-il pas à rendre un jour ! Ah ! s'il le comprenait, il ne prendrait pas sa nourriture avec tant de paix et il ne dissiperait pas ses biens en choses inutiles et vaines. Aussi, mes filles, ayez toujours soin de vivre dans la plus grande pauvreté qu'il vous sera possible, qu'il s'agisse du vêtement,

______

(1) *en lo que ahora haceis.*

ou de la nourriture. Sans cela, vous seriez dans l'illusion; Dieu ne vous donnerait rien et vous n'auriez point la paix. Veillez toujours à servir si bien sa Majesté que vous ne mangiez pas le bien des pauvres, sans avoir travaillé à le glorifier. Sans doute il est difficile de mériter par nos œuvres le calme et le repos qu'il nous procure quand il nous dispense d'avoir à rendre compte des richesses. Je sais que vous comprenez ces vérités; mais il faut de temps en temps en rendre à sa Majesté de particulières actions de grâces.

Quant à la paix que donne le monde en distribuant ses honneurs, je n'ai rien à vous en dire; les pauvres ne sont jamais très honorés. Mais le monde peut vous causer de très graves préjudices, par ses louanges, si vous n'y prenez garde. Une fois qu'il a commencé, il ne s'arrête pas à vous abaisser ensuite davantage, comme cela a lieu ordinairement. Il vous dit que vous êtes des saintes, et il emploie des termes si exagérés qu'on dirait vraiment que c'est le démon qui les dicte : et il en doit être ainsi parfois. Si on les disait en votre absence, passe ! mais, en votre présence ! Quel but poursuit-il, en effet, si ce n'est celui de vous nuire, dans le cas où vous ne seriez pas sur vos gardes ? Pour l'amour de Dieu, je vous conjure de ne jamais accueillir pacifiquement ces paroles ; elles pourraient peu à peu vous porter préjudice. Vous vous imagineriez qu'on dit vrai. Vous seriez tentées de croire que tout est fini et que vous avez assez travaillé. Pour vous, ne laissez jamais passer une seule de ces paroles sans vous mortifier intérieurement ; vous y arriverez facilement, si vous en prenez l'habitude. Rappelez-vous comment le monde a traité le Christ Notre-Seigneur, quand il l'avait tant exalté le jour des Rameaux. Considérez l'estime qu'on avait pour Jean-Baptiste puisqu'on voulait le faire passer pour le Messie ; et voyez pour quel motif et avec quelle cruauté on lui trancha la tête (1). Le monde ne loue jamais que pour rabaisser, quand ceux qu'il loue sont les enfants de Dieu. Je sais par une longue expérience ce que je dis. Je m'affligeais beaucoup autrefois en voyant tant d'aveuglement dans ces louanges ; aujourd'hui j'en ris, comme je le ferais du langage d'un insensé. Supposé que les louanges que l'on vous adresse soient vraies sur quelque point, ne vous en attribuez nullement le mérite ; pensez à vos péchés et travaillez à

---

. (1) Combien il fut ensuite humilié, et pour quel motif futile il eut la tête tranchée. — *Copie de Baëce.*

acquérir une perfection plus haute. Réveillez en vous la crainte, pour que votre âme ne s'endorme pas dans le baiser de cette paix si funeste que donne le monde. Croyez que c'est là la paix de Judas. Peut-être que plusieurs ne vous adresseront pas des louanges dans ce but, mais le démon est attentif pour emporter son butin si vous ne vous défendez. Croyez bien qu'il faut ici avoir l'épée à la main et veiller. Il vous semblera peut-être qu'on ne vous cause aucun préjudice; mais ne vous y fiez pas. Rappelez-vous tous ceux qui, après être montés très haut, sont tombés dans les abîmes. Il n'y a pas de sécurité pour nous ici-bas. Aussi, mes sœurs, je vous en conjure pour l'amour de Dieu, luttez toujours intérieurement contre ces louanges. Par là vous grandirez dans l'humilité, tandis que le monde ainsi que le démon qui ne cesse de vous épier, demeureront tout confus.

Quant à la paix qui vient de la chair et au dommage qui peut en résulter, j'aurais beaucoup à dire. Mais, comme je l'ai annoncé, je ne toucherai que quelques points, et cela vous suffira pour deviner le reste. La chair est très amie de ses aises, vous le savez, et il y a un grand danger à faire la paix avec elle. Oh! si nous le comprenions bien! J'y pense souvent et je ne puis encore comprendre comment il y a tant de calme et de paix chez les personnes qui vivent au milieu des jouissances. Est-ce que par hasard le corps adorable de Celui qui est notre modèle et notre guide méritait moins d'attentions que le nôtre? Qu'avait-il donc fait pour endurer tant de tourments? Est-ce que nous avons lu que les saints qui sont déjà certainement au ciel, nous le savons, aient mené une vie facile? D'où vient donc qu'on mène une vie si douce? Qui nous a dit que cette vie était bonne? Pourquoi donc certaines personnes passent-elles si tranquillement les jours à bien manger et dormir, à s'amuser et se divertir autant qu'elles le peuvent? J'avoué que je n'en reviens pas. Il semblerait à les voir qu'il n'y a pas un autre monde, et que cette façon d'agir est celle où il y a le moins à le redouter. O mes filles, si vous saviez quel grand mal il y a là! Le corps se fortifie, tandis que l'âme se débilite. Si nous pouvions la voir, il nous semblerait qu'elle va expirer.

Vous verrez dans beaucoup de livres les grands maux qui résultent de cette paix. Si encore on comprenait que cette paix est funeste, il y aurait quelque espoir de retour. Mais je crains bien qu'on n'y songe même pas. Et comme cette disposition est si générale, je ne m'en étonne pas.

Je vous dis donc que, malgré cette paix où se trouve la chair, il faut lutter de bien des manières, si l'on veut se sauver. Il serait mieux de se connaître et de s'adonner peu à peu à la pénitence que d'attendre qu'elle soit imposée tout d'un coup.

Je vous ai entretenues de ce point, mes filles, afin que vous rendiez les plus vives actions de grâces à Dieu, qui vous a placées en un lieu où votre chair ne pourra, malgré ses efforts, trouver le moindre repos sur ce point. Toutefois elle pourrait vous causer insensiblement quelque préjudice. sous prétexte de maladie, et vous devez y veiller avec beaucoup de soin. La discipline vous fait mal aujourd'hui. Mais peut-être que d'ici à huit jours il n'en sera plus de même. Une autre fois vous souffrez de ne pas porter du linge. mais pour une nécessité passagère n'allez pas en porter toujours. Vous ne pouvez manger le poisson, mais peu à peu votre estomac s'y fera et n'en sera pas dérangé. Il vous semblera que vous êtes très fatiguée (1). mais je sais par expérience toutes ces choses et beaucoup d'autres encore. Or

(1) Il vous semblera que vous êtes si fatiguée que vous ne pouvez vous dispenser de manger de la viande, et il suffira de suspendre le jeûne quelques jours pour que la faiblesse disparaisse. — *Copie de Buëce.*

on ne comprend pas combien il est important
d'agir ainsi, alors même que la nécessité de ces
choses ne serait pas très grande. Ce que je veux
dire, c'est que nous ne devons pas nous reposer
dans les dispenses mais essayer quelquefois nos
forces. Je sais combien la chair est trompeuse, et
il est nécessaire de la bien connaître. Que le Seigneur. dans sa bonté. daigne nous éclairer en
tout ! C'est une grande chose que d'agir avec prudence, et de se fier non à soi-même mais aux
supérieurs.

Je reviens donc à mon sujet. Puisque l'Épouse
indique la paix qu'elle demande par ces mots :
*qu'il me baise d'un baiser de sa bouche*, il est clair
que le Seigneur a d'autres manières de nous donner la paix et de nous montrer son amitié. Je
vais maintenant vous en indiquer quelques-unes,
et vous verrez combien cette demande est élevée
et quelle différence il y a entre les diverses sortes
de paix.

O grand Dieu, ô Seigneur de nos âmes ! quel
abîme que votre sagesse ! L'Épouse pourrait bien
dire seulement : *qu'il me baise*, et ainsi sa
demande, paraît-il, serait formulée en moins de
mots. Pourquoi donc ajoute-t-elle : *d'un baiser de
sa bouche*? A coup sûr, il n'y a pas une parole de
trop. Le pourquoi, je ne le comprends pas ; mais

j'en dirai cependant quelque chose. Peu importe
que cela ne convienne pas à mon sujet, si, comme
je l'ai dit, nous pouvons en tirer profit. Ainsi
donc notre Roi a plusieurs manières de donner
sa paix et de montrer son amitié aux âmes. Nous
le voyons chaque jour, soit dans l'oraison, soit
en dehors de l'oraison, tandis que nous, nous
n'avons avec sa Majesté qu'une paix de cérémonie,
comme on dit (1). Veuillez considérer, mes filles,
en quoi consiste la disposition nécessaire pour
pouvoir faire la même demande que l'Épouse si
le Seigneur vous approche de lui ; sinon ne perdez pas courage (2), car quel que soit le degré
d'amitié où vous soyez parvenues avec Dieu, vous
serez toujours très riches, pourvu qu'il n'y ait
pas de votre faute (3).

Mais il est triste et lamentable que par notre
faute nous n'arrivions pas à une amitié si excellente avec Dieu et que nous nous contentions
d'une amitié faible.

O mon Dieu, nous ne pourrions donc pas nous

(1) *De pelillo, de complimiento de ceremonia,* — dit le
P. Silverio.

(2) *La copie de Baëce met :* et si vous ne perdez pas courage.

(3) *Si no falta por vosotras.* — C'est ici que se termine
le fragment commencé à la page 32.

rappeler que votre récompense est grande, éternelle (1), et que même dès ici-bas vous nous l'accordez, si nous parvenons à une amitié intime avec vous! Mais qu'ils sont nombreux ceux qui s'arrêtent au pied de la montagne et qui pourraient arriver à son sommet! Dans d'autres petits conseils que j'ai écrits pour vous, je vous ai déjà exprimé souvent cette pensée (2); mais je la répète de nouveau et je vous supplie d'avoir toujours des pensées généreuses, car c'est par là que le Seigneur vous donnera grâce pour que vos œuvres le soient aussi : et croyez que c'est là un point important.

Il y a des personnes qui, après avoir obtenu l'amitié du Seigneur par une bonne confession de leurs péchés et un sincère repentir, ne passent pas deux jours sans retomber de nouveau dans ces mêmes fautes. Ce n'est point là, à coup sûr, l'amitié que demande l'Épouse. Pour vous, mes filles, faites des efforts pour ne pas aller toujours déclarer la même faute au confesseur. J'avoue que nous ne pouvons pas en être exempts; mais au moins qu'il y ait du changement, sans quoi, ces fautes pousseraient des racines qu'il serait

(1) Copie de Baëce : *y sin fin.*
(2) Cf. ch. 4, 15, 20, 21, 23, 28, du *Chemin de la Perfection.*

très difficile d'arracher ; et ces racines pourraient
en faire naître beaucoup d'autres. Voilà une
plante ou un arbrisseau que vous plantez ; si vous
avez soin de les arroser chaque jour, ils grandiront si bien que, pour les arracher, il faudra
employer la pelle et la pioche. C'est ainsi, je
crois, que nous faisons, quand nous commet-
tons chaque jour la même faute, si petite qu'elle
soit, et que nous n'avons pas soin de nous en
corriger. Mais si on la commet une fois ou même
dix fois et qu'on l'arrache aussitôt, on en viendra
facilement à bout. Vous devez toutefois demander cette grâce au Seigneur dans l'oraison ; car
de nous-mêmes nous pouvons peu de chose ;
nous sommes plus capables d'augmenter le
nombre de nos fautes que de les diminuer. N'oubliez pas qu'à ce jugement redoutable qui suivra
l'heure de la mort, nous ne regarderons pas la
question comme de minime importance, nous
surtout que le juge a choisies ici-bas pour épou-
ses. Oh ! qu'elle est grande cette dignité ! comme
elle doit nous stimuler et nous faire marcher
dans la ferveur, afin de contenter ce Seigneur, ce
Roi de nos âmes !

Mais comme les personnes dont j'ai parlé
paient mal son amitié, puisqu'elles redeviennent
si promptement ses mortels ennemis ! Sans doute

la miséricorde de Dieu est grande, et quel ami
plus patient pourrions-nous trouver? Si pareille
chose arrivait une seule fois entre deux amis, ils
ne pourraient plus l'oublier et ils ne renoue-
raient jamais cette amitié étroite qui les unissait
précédemment. Mais que de fois les personnes
dont je parle ne manquent-elles pas de cette
manière à l'amitié de Notre-Seigneur? et pendant
combien d'années lui, de son côté, ne nous
attend-il pas? Soyez béni, ô Seigneur mon Dieu,
de ce que vous nous supportez avec une si tendre
compassion. On dirait que vous oubliez votre
grandeur, pour ne point châtier, comme il serait
juste, une trahison aussi perfide que celle-là.
Cet état cependant me paraît dangereux. Car
bien que la miséricorde de Dieu soit telle que
nous la constatons, nous voyons souvent aussi
que beaucoup de ces personnes dont nous parlons
meurent sans confession. Que sa Majesté daigne
user de son pouvoir. mes filles, pour nous préserver d'un état si dangereux!

Il y a une autre sorte d'amitié qui est au-dessus de celle dont nous nous occupons. C'est celle
des personnes qui veillent à ne pas offenser Dieu
mortellement. C'est déjà un grand progrès que
d'en être arrivé là, vu l'état du monde. Mais ces
personnes, tout en se gardant de tomber dans le

péché mortel, ne manquent pas, si je ne me
trompe, d'y tomber de temps en temps. C'est
qu'elles ne font aucun cas des péchés véniels
bien qu'elles en commettent un grand nombre
tous les jours; aussi sont-elles bien près des
péchés mortels. Elles vous disent : Comment!
vous faites cas de ceci? J'en ai entendu beaucoup
qui ajoutaient : Mais pour effacer ces fautes, il
suffit d'un peu d'eau bénite et des remèdes que
possède notre Mère la sainte Église! N'est-ce pas
là une conduite déplorable? Aussi, mes filles, je
vous en conjure pour l'amour de Dieu, veillez
bien à ne jamais vous laisser aller au péché
véniel, si petit qu'il soit, avec la pensée que vous
avez ce remède, car le bien ne doit pas être une
occasion de faire le mal. Mais s'il vous est arrivé
de commettre une faute, oui, alors je comprends
que vous vous souveniez de ce remède et que
vous l'employiez aussitôt.

C'est un point fort important d'avoir la conscience si pure qu'aucun obstacle ne vous empêche de solliciter de Notre-Seigneur cette amitié
parfaite que lui demande l'Épouse. Au moins,
cette amitié n'est pas celle dont nous venons de
parler. Car celle-là est bien suspecte pour plusieurs motifs (1). Elle recherche sa propre satis-

(1) Le P. Silverio pense qu'il y a une erreur dans la

faction et se trouve sur la voie d'une grande tié-
deur; elle ne sait plus distinguer (1) si elle commet un péché véniel ou un péché mortel. Dieu
nous préserve de cette amitié! Il semble à ces
personnes qu'elles ne tombent pas dans de
grands péchés comme d'autres; mais ce n'est pas
là un état de parfaite humilité que de juger les
autres très coupables. Ces pécheurs. en effet.
sont peut-être bien meilleurs qu'elles, parce
qu'ils pleurent leurs péchés, qu'ils les regret-
tent sincèrement, qu'ils ont un plus ferme propos de s'en corriger, et qu'ainsi ils arriveront à
ne plus offenser Dieu ni en de petites choses ni
en de grandes. Quant à ces personnes dont je
parle, comme il leur semble qu'elles ne commettent aucune des fautes de ce genre, elles se donnent du large pour leurs plaisirs et, en général,
elles s'acquitteront mal de leurs prières vocales,
car elles n'y regardent pas de si près.

Il y a une autre sorte d'amitié et de paix que
Notre-Seigneur commence à donner à quelques

copie d'Albe et qu'au lieu de *por muchas personas*, il faut
lire *por muchas razones*, comme le portent l'édition du
du P. Gratien et la copie de Baëce.

(1) La copie d'Albe porte : *muy bien sabran, ils distinguent
très bien*, tandis que le P. Gratien et la copie de Baëce
disent : *ni bien sabran, ne sauront pas bien distinguer*.

personnes qui voudraient résolument ne l'offenser en rien. Ces personnes, il est vrai, ne se tiennent pas suffisamment à l'abri des occasions
dangereuses. Elles ont leurs moments fixés pour
l'oraison et Notre-Seigneur leur donne des sentiments de tendresse et des larmes. Elles voudraient, sans se priver des joies de cette vie.
mener une existence vertueuse et bien réglée, car
il leur semble que cet état est bon pour être
tranquilles ici-bas.

Comme la vie est sujette à une foule de chan-
gements. ce sera beaucoup si ces personnes persévèrent dans la vertu. Comme elles ne s'éloi-
gnent pas des contentements et des joies de ce
monde, elles ne tarderont pas à se ralentir dans
le chemin du Seigneur ; car il y a des ennemis
redoutables pour nous en disputer le passage.

Ce n'est point là. mes filles, l'amitié que
demande l'Épouse. Ce n'est point là, non plus,
celle que vous devez demander. Tenez-vous toujours à l'écart de toute occasion dangereuse.
quelque petite qu'elle soit, si vous voulez que
votre âme grandisse et vive en sécurité. Je ne
sais pourquoi je vous tiens ce langage. C'est.
sans doute. afin que vous compreniez bien les
dangers qu'il y a à ne pas s'écarter généreusement de toutes les choses du monde. Par là

nous éviterions bien des fautes et bien des peines.

Les voies par lesquelles Notre-Seigneur commence à montrer son amitié aux âmes sont si nombreuses, que je n'en finirais pas, ce me semble, si je voulais raconter toutes celles que j'ai entendues. Et cependant je ne suis qu'une femme. Que ne pourraient pas dire les confesseurs et ceux qui s'occupent plus spécialement des âmes! J'avoue que quelques-unes de ces âmes me donnent de l'inquiétude, car il ne leur manque rien, ce semble, pour être des amies de Dieu. Je vous parlerai en particulier de l'une d'elles avec laquelle j'ai eu, il y a peu de temps, des rapports très intimes. Elle aimait à communier très souvent. Elle ne disait jamais de mal de personne. Elle avait beaucoup de dévotion dans l'oraison ; elle gardait toujours la solitude, car elle possédait une maison à elle, elle était si douce de caractère que rien de ce qu'on pouvait lui dire ne la mettait en colère, ce qui était une assez grande perfection. Elle ne prononçait jamais une parole répréhensible. Cette femme ne s'était point mariée, et elle n'était plus en âge de contracter une alliance. Elle avait passé par beaucoup d'épreuves sans jamais perdre cette paix. Voyant en elle tant de qualités, je crus y voir les

marques d'une âme très avancée et de grande
oraison. J'en faisais beaucoup de cas au début;
car je ne remarquais en elle aucune offense de Dieu
et je croyais qu'elle l'évitait. Je fis sa connaissance et alors je commençai à m'apercevoir que
tout en elle était en paix, tant qu'on ne touchait
pas à son intérêt; car sur ce point, sa conscience
n'était plus si délicate, mais bien large au contraire. Je compris que, malgré la patience avec
laquelle elle supportait tout ce qu'on lui disait,
elle tenait si fort au point d'honneur qu'elle n'aurait pas voulu par sa faute perdre tant soit peu de
son honneur et de sa réputation. Elle était tellement pénétrée de ce misérable sentiment et si
curieuse d'entendre et de savoir ceci ou cela, que
je me demandais avec étonnement comment elle
pouvait demeurer une seule heure dans la solitude. Elle était aussi très amie de ses aises. Tout
cela elle le faisait et dorait si bien qu'elle
l'exemptait de toute faute. Et d'après les raisons
qu'elle donnait sur certaines choses, je lui aurais,
ce me semble, fait injure d'en juger autrement;
car pour d'autres choses il était bien notoire
qu'il y avait péché. Mais peut-être elle ne se con-
naissait pas bien. Pour moi, j'étais stupéfaite,
quand presque tout le monde la regardait
comme une sainte. Car je vis que toutes les per-

sécutions (1) qu'elle disait avoir endurées, avaient
dû lui venir de quelque faute de sa part. Aussi
je n'ai plus porté envie ni à sa manière de
vivre, ni à sa sainteté. Cette âme, ainsi que
deux autres que j'ai vues en ma vie et dont le
souvenir se présente à moi en ce moment,
saintes aussi à leurs propres yeux, m'ont inspiré,
quand j'ai traité avec elles, plus de frayeur que
toutes les pécheresses que j'ai rencontrées
depuis. Aussi je supplie davantage le Seigneur
de vous donner sa lumière. Remerciez-le beaucoup, mes filles, de vous avoir amenées dans un
monastère, où le démon, quelque effort qu'il
fasse, ne pourra vous tromper aussi facilement
que celles qui demeurent dans leurs maisons.
Il y a en effet des âmes auxquelles rien ne semble manquer pour voler jusqu'au ciel, parce
qu'elles suivent en tout la perfection, mais à leur
manière. Et il n'y a personne qui les connaisse
à fond. Dans les monastères, au contraire, je n'ai
jamais vu qu'on ne les comprît pas parce qu'elles
ne doivent pas faire ce qu'elles veulent, mais ce
qu'on leur commande. Les âmes qui vivent dans
le monde, voudraient-elles bien sincèrement se

(1) La copie d'Albe met *perfeciones*, au lieu de *persecuciones*
comme l'édition du P. Gratien et la copie de Baëce.

connaître parce qu'elles désirent plaire à Dieu,
qu'elles ne le pourraient pas. Car enfin dans tout
ce qu'elles font, elles suivent leur propre volonté.
Et si parfois la contradiction les éprouve, elles
ne s'exercent pas cependant à la mortification
comme dans un monastère. Je ne parle pas de
certaines personnes auxquelles Notre-Seigneur a
accordé pendant de longues années ses lumières.
Celles-là savent trouver un directeur qui les connaisse, et elles lui obéissent. car une humilité
profonde porte les âmes, si savantes qu'elles
soient, à se défier de leurs propres lumières.

Il y en a d'autres qui ont tout abandonné pour
Dieu. Elles n'ont ni demeure. ni bien, elles ne
goûtent aucun plaisir, elles mènent même une vie
pénitente. et ne se soucient point des choses de ce
monde. car le Seigneur leur a montré la vanité
de tout ce qu'il y a ici-bas. Et cependant elles
tiennent beaucoup à l'honneur; elles voudraient
ne rien faire qui ne fût pas aussi bien accepté des
hommes que de Dieu. Aussi quelle discrétion
et quelle prudence! Ces deux tendances ne peuvent jamais que s'accorder très mal entre elles.
Et le pire, c'est que sans que ces âmes comprennent leur imperfection, c'est presque toujours le
parti du monde qui l'emporte sur celui de Dieu.
Ces âmes, en général, sont désolées de la moin-

dre des choses qu'on dit à leur désavantage ; au lieu d'embrasser la croix, elles la traînent ; aussi la croix les blesse, les fatigue et les met en pièces ; quand, au contraire, la croix est aimée, elle est suave à celui qui la porte, cela est certain.

Ce n'est donc point là, non plus, l'amitié que demande l'Épouse. Aussi, mes filles, veillez bien, dès lors que vous avez fait les premiers sacrifices dont j'ai parlé, à ne pas omettre les suivants par votre faute. Est-ce que toutes les satisfactions du monde ne sont pas un fardeau pour nous ? Si vous avez fait ce qu'il y a de plus considérable, si vous avez laissé le monde, ses fêtes, ses joies, ses richesses, biens qui, tout trompeurs qu'ils soient, causent en définitive du plaisir, que craignez-vous ? Considérez bien que vous ne comprenez pas cette vérité. Pour vous délivrer d'un ennui que le monde pourrait vous occasionner par une parole, vous vous chargez de mille soucis et obligations. Et elles sont si nombreuses, ces obligations, si nous voulons plaire aux yeux de ce monde, qu'il m'est impossible de m'attarder à les énumérer, d'ailleurs je n'y arriverais pas.

Il y a d'autres âmes dont je veux vous parler, et je termine. Si vous les étudiez de près, vous découvrirez en elles beaucoup de signes qui vous indiqueront qu'elles commencent à faire des progrès, et cependant elles s'arrêtent en chemin. Il y a, je le répète, d'autres âmes qui font peu de cas, elles aussi, des appréciations du monde et de l'honneur, mais elles ne sont pas exercées ni dans la mortification ni dans l'abnégation de leur propre volonté. Aussi on dirait que la crainte ne les quitte pas. Vous les voyez disposées à tout souffrir ; et avec cela il leur semble n'avoir plus rien à faire ; mais se présente-t-il des affaires importantes concernant la gloire de Dieu, le sentiment de leur gloire personnelle se réveille et elles ne le comprennent pas. Elles s'imaginent qu'elles n'ont plus la crainte du monde mais celle de Dieu seul. Elles redoutent cependant ce qui peut arriver et craignent qu'un acte de vertu ne soit le principe d'un grand mal. On dirait que le démon les enseigne, et, s'il est nécessaire, elles prophétisent mille ans à l'avance les maux à venir. Ce ne sont pas ces âmes qui imiteront saint Pierre se jetant à la mer, ou tant d'autres saints. Elles veulent bien ramener des âmes à Dieu, mais en gardant leur repos, et non en s'exposant au danger. Leur foi n'agit pas beaucoup sur leurs propres déterminations.

Voici une chose que j'ai remarquée. On voit peu de personnes, non pas dans la religion, mais dans le monde, qui attendent de Dieu leur subsistance. Je n'en connais que deux qui aient cette confiance. Car, dans la religion, on sait que le nécessaire ne manquera pas, et encore je crois que les âmes qui y entrent uniquement pour servir Dieu n'auront même pas ce souci.

Combien y en a-t-il cependant, mes filles, qui n'auraient point abandonné leurs biens, sans cette sécurité dont je parle! Mais, comme dans plusieurs endroits (1) où je vous ai donné des avis, j'ai beaucoup parlé de ces âmes pusillanimes et indiqué le tort qu'elles se font: comme je vous ai montré, en outre, le grand bien qu'il y a pour nous à avoir de grands désirs, alors même que nos œuvres ne peuvent l'être, je n'en dis pas davantage maintenant sur ces âmes, bien que je ne me lasserais jamais d'en parler.

Puisque le Seigneur les élève à un état si sublime, qu'elles le servent donc d'une manière conforme à cet état et qu'elles n'aillent pas s'ensevelir dans un coin. Car bien qu'on soit en religion et qu'on ne puisse travailler au salut du prochain, comme nous autres religieuses en particulier, il faut, au moins, concevoir de grandes déterminations et avoir les plus vifs désirs du salut des âmes. Avec cela notre oraison sera

_______________

(1) *Chemin de la Perfection*, ch. 2, 4, 34, 38.

puissante; et peut-être que le Seigneur daignera
nous rendre utiles au prochain pendant notre vie
et même après notre mort, comme il le fait maintenant pour le saint frère Diégo (1). Ce n'était
qu'un simple frère convers, il n'avait d'autre
office que celui de servir les autres. Et après tant
d'années écoulées depuis sa mort, le Seigneur
ressuscite sa mémoire pour nous servir d'exemple. Louange en soit rendue à la divine Majesté!

Si donc, mes filles, le Seigneur vous a élevées
à cet état, il vous manque peu de chose pour
obtenir cette paix et cette amitié que demande
l'Épouse. Ne cessez jamais de la demander par
vos larmes et par vos désirs. Faites tout ce qu'il
dépendra de vous pour l'obtenir. Car il est clair
qu'on ne possède pas encore dans cet état la paix
et l'amitié que demande l'Épouse. Mais le Seigneur nous accorde déjà une grande grâce en nous
y élevant. Et pour arriver à cette paix il faut
s'adonner généreusement à l'oraison, à la pénitence, à l'humilité et à la pratique de beaucoup
d'autres vertus! Loué soit à jamais le Seigneur
de qui découlent tous les dons! Ainsi soit-il!

(1) Saint Diego naquit en Andalousie au commencement
du XV° siècle, et entra comme frère convers dans l'Ordre
de Saint-François. Il se distingua par son humilité, son
esprit d'oraison et son ardente charité pour le prochain.
Il mourut en 1463 et fut canonisé en 1588.

# CHAPITRE III

**La véritable paix provient de l'oraison; l'Épouse l'appelle *un baiser de la bouche de Dieu.***

*Qu'il me donne un baiser de sa bouche!*

O sainte Épouse, arrivons à ce que vous demandez, c'est-à-dire à cette sainte paix qui fait que l'âme ne redoute pas de se mettre en guerre contre tous les mondains, tout en demeurant elle-même complètement rassurée et pacifique! Quel bonheur incomparable que celui d'obtenir cette faveur! Car l'âme s'unit alors d'une manière si étroite à la volonté de Dieu qu'il n'y a pas de division entre Lui et elle. Il n'y a plus qu'une seule et même volonté, manifestée non par des paroles ou par des désirs seulement, mais par des œuvres. Aussi, dès qu'elle comprend qu'elle sert mieux son Époux en quelque chose, elle éprouve un tel amour pour lui, elle brûle d'un si grand désir de le contenter, qu'elle n'écoute point les raisons que l'entendement lui fournit pour l'en détourner ni les craintes qu'il lui suggère; elle laisse seulement agir la foi sans considérer ni son intérêt ni son repos; car elle a enfin fini par comprendre que c'est là qu'elle trouvera tout bien.

Il vous semblera. mes filles. que cette conduite n'est pas raisonnable, car c'est une chose si louable que d'agir avec discrétion! Mais considérez. je vous prie, ce point (1). Vous reconnaissez que le Seigneur d'après ce qu'il vous semble (car vous ne pourrez en avoir la certitude). a exaucé votre demande de *vous donner un baiser de sa*

---

(1) Les huit ou dix lignes suivantes sont modifiées par les copies de Consuegra et de Las Nieves par le fragment que nous traduisons ici : « Vous devez considérer un point et l'examiner en vous-mêmes, comme vous pourrez ; je veux parler des effets qui se manifestent dans l'âme. Évidemment, comme nous le savons déjà, nous ne pouvons pas en avoir la certitude. car cet état est même supérieur à l'état de grâce et consiste, je le répète, dans un secours très particulier de Dieu. Mais nous pouvons par les effets arriver à savoir d'une certaine manière si sa Majesté nous a accordé ce don. C'est à proportion de la grandeur des vertus que Dieu accorde une si précieuse faveur. L'âme comprend avec le secours d'une lumière intérieure que Dieu lui a donné cette paix que demande l'Épouse. mais parfois elle se prend à en douter, lorsqu'elle considère sa misère. Cependant quand vous comprendrez que vous possédez en vous-mêmes cette faveur dont je parle, ne vous arrêtez à rien, et oubliez-vous vous-mêmes pour contenter ce doux Époux. Vous me direz peut-être de vous expliquer davantage de quelles vertus il s'agit. et vous avez raison. Car il y a une grande différence entre une vertu et une autre. J'en exposerai quelques-unes : le mépris de toutes les choses de la terre... »

*bouche*, vous le comprenez par les effets : alors vous ne devez plus vous arrêter à rien, mais vous oublier vous-mêmes pour contenter un si doux Époux.

Sa Majesté se fait connaître à ceux qui jouissent de cette faveur, par beaucoup de signes. L'un d'eux c'est de mépriser toutes les choses de la terre et de ne les estimer que ic peu qu'elles valent; de ne rechercher aucun des biens d'icibas, puisqu'on en a déjà compris la vanité; de ne se réjouir qu'avec ceux qui aiment le Seigneur; d'avoir la vie en dégoût; de n'accorder aux richesses que l'estime qu'elles méritent, et autres choses semblables. Voilà ce que leur enseigne Celui qui les a élevés à cet état. Dès qu'une âme y est parvenue, elle n'a plus rien à craindre, si ce n'est de n'avoir plus à mériter que Dieu daigne se servir d'elle, en lui donnant des épreuves et des occasions de pouvoir travailler à sa gloire quoi qu'il doive lui en coûter. Ici donc, comme je l'ai dit, l'amour et la foi agissent, et l'âme ne veut plus mettre à profit ce que lui enseigne l'entendement, car cette union qu'il y a entre l'Époux et l'Épouse lui a enseigné d'autres vérités que l'entendement ne peut saisir; voilà pourquoi elle le tient sous les pieds.

Voici une comparaison qui nous le fera com-

prendre. Un homme est captif au pays des Maures.
Cet homme a un père pauvre ou un ami dévoué ;
si ce dernier ne le rachète pas, nul espoir pour
lui de se sauver ; mais pour le racheter, l'avoir de
cet ami est insuffisant ; il faut qu'il aille lui-
même servir à la place du captif. Le grand amour
qu'il lui porte exige qu'il sacrifie sa propre
liberté pour lui. Mais aussitôt la discrétion arrive
avec des raisons nombreuses. Elle dit qu'il a de
plus grandes obligations envers lui-même ; que
peut-être il aura moins de force que l'autre ;
qu'on lui fera perdre la foi et qu'il n'est pas bien
de s'exposer à ce danger, et beaucoup d'autres
considérations de cette sorte.

O amour puissant de mon Dieu! comme il
paraît bien qu'il n'y a rien d'impossible à celui
qui aime! Heureuse l'âme qui a pu obtenir cette
paix de son Dieu! elle exerce son empire sur
toutes les souffrances et sur tous les dangers du
monde. Elle n'en redoute aucun, dès lors qu'il
s'agit de servir un si bon Époux et Seigneur ; et
elle a raison ; quant à ce parent, à cet ami dont
nous avons parlé, il suit la raison humaine.

Vous avez déjà lu, mes filles, l'exemple d'un
Saint qui ne s'est dévoué ni pour un fils ni pour
un ami. Mais il devait être arrivé à ce bonheur
incomparable que Notre-Seigneur donne avec

cette paix. Aussi pour plaire à sa Majesté et imiter en quelque chose celui qui a tant fait pour nous, il s'en alla aux pays des Maures (1); il se constitua captif à la place du fils d'une veuve qui lui avait fait part de sa désolation. Vous avez lu quel fut le succès de son dévoûment et avec quels avantages il s'en retourna (2).

Je m'imagine (3) cependant que son entendement dut lui objecter d'autres raisons que celles dont j'ai parlé. Il était évêque; il allait quitter ses ouailles et peut-être avait-il encore d'autres inconvénients à redouter. Mais voici une pensée qui se présente maintenant à mon esprit. Elle me paraît bien à propos pour ceux qui de leur nature sont pusillanimes et craintifs, comme le sont en général les femmes. Bien que leur âme soit parvenue à cet état de paix, leur nature faible ne laisse pas de craindre. Il faut se tenir en garde contre cette faiblesse naturelle parce qu'elle pourrait nous faire perdre une belle couronne.

(1) Elle veut dire au pays des *Vandales*.

(2) Saint Paulin naquit à Bordeaux en 353. Après avoir renoncé à tous ses biens, il devint prêtre puis évêque de Nole. Les barbares, pleins d'admiration pour son acte héroïque, lui rendirent la liberté ainsi qu'aux captifs de son diocèse.

(3) Ici commence un fragment emprunté aux copies de N.-D. des Neiges et de Consuegra.

Lorsque vous éprouverez ces sentiments de pusillanimité, recourez à la foi et à l'humilité : ne manquez pas d'agir avec cette assurance que Dieu peut tout. N'a-t-il pas donné à beaucoup de saintes toutes jeunes le courage d'affronter les plus grands tourments, qu'elles ont voulu en effet endurer par amour pour Lui ! C'est de cette détermination et de ce libre arbitre que l'âme veut le constituer maître, car il n'a pas besoin de nos efforts pour quoi que ce soit. Sa Majesté se plaît, au contraire, à faire resplendir ses œuvres dans la faiblesse de ses créatures, parce qu'alors Elle fait mieux éclater sa puissance et réalise mieux le désir qu'il a de nous accorder ses faveurs. Aussi il vous faut mettre à profit les vertus que Dieu vous a données pour agir généreusement et rejeter les raisons que vous fournissent votre entendement et votre faiblesse, ne pas donner l'occasion d'augmenter cette dernière en vous demandant si telle chose sera ou ne sera pas, si c'est oui ou non à cause de vos péchés que vous n'obtenez pas du Seigneur la même force que les autres. Ce n'est pas le moment de penser à vos péchés ; laissez-les de côté. Cette humilité n'est pas de mise ici ; elle se présente dans une mauvaise conjoncture. Si on vient à vous donner quelque chose qui vous honore, ou si le démon vous pousse vers une vie facile ou autres choses semblables, craignez que par vos péchés vous ne puissiez vous conduire avec rectitude. Mais lorsque vous aurez à souffrir quelque chose pour Notre-Seigneur ou pour le prochain, n'ayez aucune crainte de vos péchés. Vous pouvez apporter à accomplir une de ces actions une charité si grande qu'elle suffira à effacer tous vos péchés; c'est là ce que le démon redoute; et voilà pourquoi il vous rappelle à ce moment vos péchés à la mémoire. Soyez certaines que le Seigneur n'abandonne jamais les âmes qui l'aiment quand c'est pour Lui seul qu'elles s'exposent. Mais examinez bien si vous n'avez pas d'autres vues, comme celles d'un intérêt personnel, car je ne m'adresse qu'à celles qui veulent contenter le Seigneur dans la plus grande perfection possible (1).

Je connais actuellement ou plutôt j'ai connu de nos jours quelqu'un, que vous aurez vu vous-mêmes quand il vint me voir. Notre-Seigneur l'embrasait d'une charité si grande qu'il lui coûta beaucoup de larmes de ce qu'il ne pouvait aller se donner en échange d'un captif. Il appartenait à l'ordre des déchaussés du P. Pierre d'Al-

(1) Ici se termine le fragment emprunté aux copies de N.-D. des Neiges et de Consuegra.

cantara. Il vint me parler de son dessein, et,
après beaucoup d'instances, il obtint l'autorisa-
tion de son général. Il n'était plus qu'à quatre
lieues d'Alger, et il allait enfin réaliser ses vœux
les plus chers, lorsque Dieu le rappela à lui (1).
Je ne doute pas que sa récompense ne soit
grande. Et cependant combien de gens discrets
qui lui disaient que c'était une folie! Et il nous
semble qu'il en est ainsi, à nous qui n'avons pas
un amour aussi grand pour Notre-Seigneur. Mais
quelle folie plus grande que d'achever le songe
de notre vie avec tant de sagesse! Ah! plaise à
Dieu que nous méritions d'entrer un jour au
ciel et surtout d'être du nombre de ceux qui sont
parvenus si haut dans son amour!

Je vois bien qu'il faut un grand secours de Dieu
pour accomplir de tels actes. Voilà pourquoi je
vous conseille, mes filles, de demander toujours
avec l'Épouse cette paix si intime, car alors vous
dominerez toutes ces petites frayeurs du monde,
et, tout en demeurant dans une tranquillité et
dans une quiétude parfaite, vous le tiendrez en

(1) Il s'agit du Vén. fr. Jean de Cordobilla. Il s'était
embarqué à Gibraltar, lorsque, sur le point d'arriver à
Alger, il fut pris d'une très forte fièvre, tandis que la
tempête l'obligeait de retourner à Gibraltar. C'est là qu'il
mourut le 28 octobre 1566.

respect. N'est-il pas évident que si Dieu accorde à une âme une faveur si haute que celle de l'unir à lui par une amitié si étroite, c'est pour la rendre très riche de ses biens? De telles faveurs ne viennent pas de nous, à coup sûr. Ce qui est en notre pouvoir, c'est de demander et désirer que Dieu nous accorde cette grâce; et encore même pour cela nous faut-il son secours. Pour arriver plus haut, que peut bien faire un ver de terre comme nous? Car le péché nous a rendus si lâches et si misérables que nous mesurons toutes les vertus à la bassesse de notre nature. Quel remède y a-t-il donc, mes filles? Celui de demander comme l'Épouse : *Que le Seigneur nous donne un baiser de sa bouche!*

Si la fille d'un pauvre laboureur se mariait avec un roi et qu'elle en eût des enfants, est-ce que ces enfants ne seraient pas de sang royal? Eh bien, si Notre-Seigneur acccorde à une âme cette faveur si haute de s'unir à elle sans qu'il n'y ait plus de division entre elle et lui, quels désirs, quels effets, quelles œuvres héroïques pourront naître de cette union, pourvu que l'âme n'y mette pas obstacle par sa faute!

Voilà pourquoi (1), je vous le répète, mes

(1) Ici commence un autre fragment emprunté à la copie de N.-D. des Neiges et à celle de Consuegra.

filles, si le Seigneur daigne dans sa miséricorde vous fournir l'occasion d'accomplir par amour pour lui ces actes dont nous parlons, ne vous préoccupez pas d'avoir été pécheresses. Il faut que la foi domine alors votre misère. Mais ne vous étonnez pas si, sur le point de prendre votre détermination et même après, vous éprouvez de la crainte et de la faiblesse. N'en faites pas cas, à moins que ce ne soit pour vous tenir davantage sur vos gardes. Laissez la chair se plaindre: c'est son office. Considérez ce que dit notre bon Jésus dans la prière qu'il fit au jardin des Olives : *la chair est faible*; souvenez-vous de cette sueur si extraordinaire et si pénible dont il fut baigné. Or, si cette chair divine et immaculée est faible, au dire de sa Majesté, comment voulons-nous que la nôtre soit assez forte pour ne pas sentir ici-bas la persécution et les travaux qui peuvent venir l'affliger? Mais au plus fort des tourments, la chair sera déjà comme assujettie à l'esprit. Elle unit alors sa volonté à celle de Dieu et ne se plaint pas. Je me représente maintenant comment notre bon Jésus montre la faiblesse de son humanité avant ses souffrances, et une si grande force lorsqu'il y est plongé. Non seulement il ne se plaint pas, mais extérieurement il ne fait rien qui montre de la faiblesse au milieu de ses souffrances. En se rendant au jardin des Oliviers, il dit : *Mon âme est triste jusqu'à la mort*, et lorsqu'il est attaché à la Croix, où il est déjà mourant, il ne se plaint pas. Quand il prie au Jardin, il va réveiller ses Apôtres. Mais n'avait-il pas plus de raison de se plaindre à sa Mère et Notre-Dame, lorsqu'elle était au pied de la Croix, qui ne dormait pas certes. mais qui souffrait dans sa très sainte âme et endurait une cruelle mort? Car nous trouvons toujours plus de consolations à confier nos peines à ceux qui, nous le savons, comprennent nos épreuves et nous aiment davantage. Ainsi donc ne nous plaignons pas de nos craintes, ne perdons pas courage en voyant la faiblesse de nos efforts. Mais travaillons à nous fortifier dans l'humilité ; comprenons clairement le peu que nous pouvons par nous-mêmes, car sans le secours de Dieu nous ne pouvons rien. Nous devons mettre notre confiance en sa miséricorde, mais n'en mettre aucune en nos forces ; tant que nous n'en serons pas là, nous serons dans la faiblesse. Ce n'est pas sans une profonde raison que Notre-Seigneur nous l'a montrée. Il est clair qu'il ne craignait pas la faiblesse de la nature, puisqu'il est la force même. Il a voulu nous consoler et nous donner à entendre combien il nous convient d'exercer nos désirs par des œuvres ; il a voulu aussi nous faire considérer qu'au début de la mortification tout est pénible pour l'âme. Si elle commence à renoncer à ses aises, elle en éprouve de la peine. Quand elle foule aux pieds le point d'honneur, c'est un tourment. Si elle entend une parole déplaisante, c'est un supplice intolérable. Enfin elle se trouve abreuvée de tristesses mortelles. Mais dès le moment où elle se sera complètement détermi-née à mourir au monde, elle sera délivrée de toutes ces angoisses. Et même soyez assurées qu'elle ne se plaindra plus, car elle a déjà trouvé la paix que demande l'Épouse (1).

Je regarde comme certain que si nous nous approchions du très saint Sacrement avec un grand esprit de foi et d'amour, une seule commu-nion suffirait pour nous enrichir. Aussi quels biens ne doivent pas nous procurer les commu-nions si nombreuses que nous faisons ! Mais il semble que nous ne nous approchons de la sainte communion que par cérémonie, et voilà pourquoi nous en retirons si peu de fruit. O monde, que tu es misérable, pour aveugler ainsi ceux qui vivent sous ton empire et les empê-cher de considérer ces trésors avec lesquels ils

(1) Ici se termine le fragment emprunté.

pourraient amasser des richesses éternelles !

Mais, ô Seigneur du ciel et de la terre, est-il bien vrai que, même dès cette vie mortelle, on puisse jouir de vous dans une amitié si intime? Oh! comme le Saint-Esprit le dit clairement par les paroles du livre des Cantiques! Et cependant nous ne voulons pas le comprendre. Ne nous révèlent-elles pas les délices que vous réservez aux âmes? Quelles caresses! quelles suavités! Une seule de ces paroles devrait suffire pour nous transformer en Vous! Soyez béni, Seigneur, car s'il ne tient qu'à vous, nous ne perdrons rien. Par combien de voies, de manières, ou de modes divers ne nous montrez-vous pas votre amour? C'est par des travaux, par une mort des plus cruelles, par des tourments; c'est en souffrant chaque jour des injures et en les pardonnant. Il y a plus; vous le montrez encore par des paroles que vous adressez dans ces Cantiques à l'âme qui vous aime, en lui enseignant à vous les redire. Or ces paroles lui font de si vives blessures que si vous ne veniez alors à son secours pour qu'elle puisse les supporter, je ne vois pas comment on pourrait les sentir, non certes comme elles méritent de l'être, mais conformément à la faiblesse de la nature. Ainsi, ô mon Seigneur, je ne vous demande pas autre chose en cette vie, si ce n'est *que vous me donniez un baiser de votre bouche*; mais que ce soit de telle sorte que, voudrais-je m'éloigner de cette amitié et de cette union. ma volonté, ô Maître de ma vie. ne se sépare plus de la vôtre. et que rien ne puisse m'empêcher de vous dire en toute vérité, ô mon Dieu et ma Gloire, *que vos mamelles sont meilleures et plus savoureuses que le vin* (1).

(1) *Cantique*, 1, 1.

# CHAPITRE IV

**L'amour suave et rempli de délices. Il provient de l'oraison de quiétude.**

*Vos mamelles sont meilleures que le vin : elles ont les senteurs des parfums les plus précieux.*

O mes filles, que de secrets profonds renferment ces paroles ! Plaise à Notre-Seigneur de nous les faire goûter ! car il est assez difficile de les expliquer. Lorsque sa Majesté veut bien dans sa miséricorde exaucer la demande de l'Épouse, il commence à montrer à l'âme une amitié si grande qu'elle ne peut être comprise que de celles-là seules qui parmi vous en ont fait l'expérience. J'ai déjà écrit amplement, je le répète, sur cette amitié dans deux livres, que vous verrez après ma mort s'il plaît à Dieu (1). J'en ai parlé fort en détail et avec beaucoup d'étendue, parce que

(1) Le livre de la *Vie*, chap. xiv, xv, xviii, xix — et le *Chemin de la Perfection*, chap. xxxi.

je vois que vous en aurez besoin, aussi je n'en dirai qu'un mot maintenant. Je ne sais si j'arriverai à me servir des mêmes expressions qu'il plut alors au Seigneur de me fournir pour expliquer cette amitié.

On sent alors dans l'intérieur de l'âme une telle suavité que l'on comprend bien que Notre-Seigneur y habite. Ce n'est point là seulement une dévotion qui la pousse à répandre des larmes abondantes, des larmes de tendresse sur la Passion du Sauveur ou sur nos péchés. Cette tendresse n'est rien auprès de celle de l'oraison dont je parle et que j'appelle oraison de quiétude, à cause de la paix qu'elle produit dans toutes les puissances. Il semble que l'âme jouit alors de tout ce qu'elle peut désirer. Quelquefois cependant, quand l'âme par exemple n'est pas entièrement perdue en Dieu, elle se fait sentir d'une autre manière. Mais lorsqu'on goûte cette suavité, il semble que tout l'homme intérieur et extérieur se fortifie, comme si on répandait jusque dans la moelle de l'âme une onction très suave, semblable à un parfum exquis. Cet effet ressemble encore à celui qu'on éprouve quand on entre subitement dans un appartement qui aurait été embaumé non d'un seul parfum mais d'un grand nombre de parfums. On ne sait ce que c'est. ni d'où vient ce parfum, et cependant on en est tout pénétré.

Il en est ainsi, ce me semble. de cet amour très suave de notre Dieu. Il pénètre dans l'âme avec cette douceur si grande qui la contente et la satisfait, et cependant elle ne peut pas comprendre comment ni par où ce bien a pénétré en elle. Sa volonté est de ne le point perdre ; voilà pourquoi elle ne voudrait ni remuer, ni parler, ni même regarder pour qu'il ne lui échappe pas. Comme j'ai déjà dit, à l'endroit que j'ai rappelé, ce que l'âme doit faire alors pour avancer, mon but en ce moment n'est que de vous donner quelque idée du sujet dont je traite. Aussi je veux seulement vous dire que par cette amitié le Seigneur montre déjà à l'âme qu'il veut avoir avec elle une union tellement intime qu'à l'avenir tout soit en commun entre eux deux. De grandes vérités sont communiquées à l'âme. Cette lumière qui l'éblouit de telle sorte qu'elle ne comprend pas ce que c'est, lui montre pourtant la vanité du monde ; si elle ne voit pas le bon Maître qui lui donne ces enseignements, elle comprend qu'il est avec elle. Elle demeure si éclairée, elle découvre en elle des effets si merveilleux et se voit si affermie dans la vertu qu'elle ne se reconnaît plus. Elle ne voudrait ni faire ni dire autre chose que louer le Seigneur. Quand elle est dans cette joie, elle est si enivrée et absorbée, qu'elle semble n'être plus en elle-même ; c'est une sorte d'ivresse divine. Elle ne sait ni ce qu'elle veut, ni ce qu'elle dit, ni ce qu'elle demande. Enfin, elle ne sait plus ce qu'elle est devenue ; toutefois si elle est hors d'elle-même, ce n'est pas au point qu'elle ne comprenne quelque chose de ce qui se passe.

Mais lorsque ce très riche Époux veut la combler de ses biens et lui accorder des présents plus précieux, il l'attire si fortement à lui qu'elle ressemble à une personne qu'une grande joie et une grande jubilation font défaillir; il lui semble qu'elle demeure suspendue dans ces bras divins, collée à ce côté sacré, à ces mamelles divines. Elle ne sait plus que goûter son bonheur, soutenue qu'elle est par ce lait divin avec lequel son Époux l'alimente et la perfectionne pour pouvoir lui accorder ses faveurs et l'aider à en mériter chaque jour de nouvelles.

Lorsque l'âme revient de ce sommeil et de cette ivresse céleste, elle est comme étonnée et stupéfaite, ou en proie à un saint délire. Il me semble qu'elle peut dire cette parole : *Vos mamelles sont meilleures que le vin.* En effet, lorsqu'elle était dans cette ivresse dont j'ai parlé, il lui semblait qu'elle ne pouvait monter plus haut, mais lorsqu'elle s'est vue ravie à un degré plus élevé et toute plongée dans cette incomparable grandeur de Dieu, où elle est si sustentée, elle fait délicatement cette comparaison des mamelles et elle dit : *Vos mamelles sont meilleures que le vin.* En effet de même que le petit enfant ne comprend pas comment il grandit, et ne sait pas comment il tette, que même bien souvent sans qu'il tette ni fasse rien pour cela, on lui met du lait dans la bouche, de même ici l'âme ne sait rien de ce qui passe en elle; elle n'agit pas; elle ignore en outre comment et par où lui est venue une faveur si précieuse; elle ne peut le comprendre; elle sait seulement que c'est là le plus grand bonheur que l'on puisse goûter sur cette terre, quand même on réunirait toutes les joies et toutes les délices du monde. L'âme se voit agrandie et fortifiée, sans savoir quand elle a pu mériter une telle faveur. Elle se reconnaît instruite des plus grandes vérités, sans voir le Maître qui les lui a enseignées. Elle se trouve fortifiée dans la vertu et comblée des caresses de celui qui sait si bien le faire et qui le peut. Elle ne sait à quoi comparer ce bonheur, si ce n'est à la joie de la mère qui aime tendrement son enfant, qui le nourrit et le comble de caresses.

Cette comparaison est fort juste (1), car l'âme
ainsi élevée sans se servir en aucune manière des
lumières de son entendement, ressemble en partie à un petit enfant ; elle reçoit cette faveur et y
met ses délices, mais elle n'a pas d'entendement
pour comprendre comment lui vient un bien si
élevé. Toutefois dans cet assoupissement de l'i-
vresse dont j'ai parlé, l'âme n'est pas si complètement inactive qu'elle n'entende et n'accomplisse
quelque chose ; elle comprend, en effet, qu'elle est
près de Dieu ; aussi est-ce avec raison qu'elle dit :
*Vos mamelles sont meilleures que le vin.* C'est là,
ô mon divin Époux, une grande faveur, un fes-
tin exquis ; vous me donnez un vin précieux !
Une seule goutte me fait oublier tout le créé,
m'élève au-dessus de toutes les créatures et au-
dessus de moi, afin que je n'ambitionne plus les
joies et les plaisirs que réclamait ma sensualité.
Quelle faveur ! et comme j'étais loin de la mériter ! Mais depuis que sa Majesté a accordé à cette
âme une grâce plus élevée et qu'il l'a attirée plus
près de lui, elle dit avec raison : *Vos mamelles
sont meilleures que le vin.* La faveur précédente
était grande déjà, ô mon Dieu ; mais plus sublime

(1) Fragment emprunté aux copies de N.-D. des Neiges
et de Consuegra.

encore est celle-ci, car il y a moins de mon propre fonds et c'est beaucoup mieux de tous points. Quelle joie et quelles délices incomparables l'âme goûte quand elle arrive à cet état! (1)

O mes filles, plaise à Notre-Seigneur de vous faire comprendre. ou mieux encore, de vous faire goûter, car on ne comprend pas bien autrement, quelle est la joie de l'âme en cet état! Ah! que les gens du monde s'arrangent avec toutes leurs richesses et tous leurs biens, avec leurs plaisirs, leurs honneurs, et leurs festins! Supposez, ce qui est impossible, qu'ils puissent jouir de tous ces biens sans éprouver l'amertume qui en est inséparable, ils n'arriveront pas en mille ans à goûter cette joie qui, dans un seul instant, inonde l'âme que le Seigneur élève à cet état. Si saint Paul a dit que *toutes les souffrances du monde n'ont aucune proportion avec la gloire que nous espérons,* je dis, moi, qu'ils ne méritent pas et ne peuvent pas mériter une seule heure de cette satisfaction, de ces douceurs et de ces délices que Dieu donne à l'âme en cet état. A mon avis, il n'y a pas de comparaison possible entre ces faveurs et les choses de ce monde qui ne sont que bassesse. On ne saurait, à mon avis,

(1) Fin du fragment emprunté.

mériter une faveur si insigne de Votre-Seigneur, ni une union aussi étroite, ni un amour qui se donne si bien à comprendre et à goûter. Il est plaisant de comparer les épreuves du monde à cette faveur! Si elles ne sont pas endurées pour Dieu, elles n'ont aucune valeur. Si on les endure pour lui, sa Majesté sait encore les proportionner à notre faiblesse; mais c'est parce que nous sommes faibles et pusillanimes que nous les craignons tant.

O chrétiens, ô mes filles, pour l'amour de Dieu, sortons de notre sommeil et considérons que le Seigneur n'attend même pas l'autre vie pour récompenser l'amour que nous avons pour lui. Dès ici-bas, il commence à nous donner notre salaire. O Jésus mon Bien! Qui pourrait faire comprendre le profit qu'il y a à nous jeter dans vos bras et à faire un pacte avec votre Majesté en ces termes : *Je regarderai mon Bien-Aimé, et mon Bien-Aimé me regardera! Il veillera à mes intérêts, et je veillerai aux siens!* Mais n'allons pas concevoir pour nous-mêmes un amour qui, comme on dit, nous aveugle. O mon Dieu, je vous adresse donc de nouveau cette prière et je vous supplie par le sang de votre Fils de m'accorder cette faveur, que j'obtienne *qu'il me donne un baiser de sa bouche*; car, sans vous, que suis-je, ô Seigneur? Si je ne vous suis pas unie, que puis-je? et si je m'écarte tant soit peu de votre Majesté, où vais-je aboutir, ô mon Seigneur, ma miséricorde et mon bien?

Et que puis-je désirer de mieux en cette vie que d'être tellement unie à vous qu'il n'y ait pas de division entre vous et moi? En votre compagnie, que peut-il y avoir de difficile? Que ne peut-on pas entreprendre pour vous, quand on vous a si près? Mais qu'y a-t-il en moi, ô mon Dieu, qui attire vos faveurs? Ne doit-on pas plutôt me dlâmer sévèrement de ce que je vous sers si peu? Aussi je vous supplie dans toute la sincérité de mon cœur, avec saint Augustin, *de me donner d'accomplir ce que vous me commanderez, et de me commander ce que vous voudrez* (1). Avec votre faveur et votre secours je ne vous abandonnerai jamais plus.

Maintenant (2), ô mon Époux, je vois bien que vous êtes tout à moi : je ne saurais le méconnaître. Pour moi, vous êtes venu en ce monde; pour moi, vous avez enduré les plus grands travaux; pour moi, vous avez souffert les coups nombreux

(1) S. Aug., *Confessions*, liv. 10, ch. 29 : *Da quod jubes, et jube quod vis.*

(2) Fragment emprunté aux copies de N.-D. des Neiges et de Consuegra.

de la flagellation ; pour moi, vous avez voulu
demeurer dans le très saint Sacrement, et maintenant vous m'accordez les plus grandes faveurs.
Eh bien, moi l'Épouse sainte, car c'est ainsi que
vous m'appelez, je l'ai déjà dit, que puis-je faire
pour mon Époux ? En vérité, mes sœurs, je ne
sais comment je pourrai continuer. En quoi
serai-je pour vous, ô mon Dieu ? Que peut faire
pour vous une âme qui a été si tristement habile
à vous offenser ? Je ne suis capable que de perdre les faveurs dont vous m'avez comblée ! Que
pouvez-vous attendre de mes services ? Et maintenant si, aidée de votre secours, je puis faire quelque chose, considérez ce que peut bien accomplir
un petit ver de terre ! pour quel but serait-il
nécessaire à un Dieu tout-puissant ? O Amour, ô
nom que je voudrais redire en beaucoup d'endroits, parce que seul il peut oser dire avec l'É-
pouse : J'ai aimé mon Bien-Aimé ! Il nous autorise à croire qu'il a besoin de nous, lui, le véritable amant des âmes, mon Époux, mon Bien.
Puisqu'il nous y autorise, disons-lui donc de
nouveau, mes filles : Mon Bien-Aimé est à moi,
et moi, je suis à mon Bien-Aimé. Vous à moi,
ô Seigneur ! Et puisque vous venez à moi, pour-
rais-je douter que je sois capable de grandes
choses à votre service ? Eh bien, ô Seigneur, dès

ce moment, je veux m'oublier et ne considérer que ce en quoi je pourrai vous servir. Désormais je ne veux avoir d'autre volonté que la vôtre. Hélas! mon pouvoir n'est pas grand. Vous, ô mon Dieu, vous êtes Tout-puissant. Mais ce que je peux, c'est-à-dire prendre une détermination de me mettre à l'œuvre, je le fais dès ce moment (1).

(1) Fin du fragment emprunté.

# CHAPITRE V

## L'amour ferme, sûr et stable. Ses avantages.

*Je me suis assise à l'ombre de celui que j'avais désiré. et son fruit est doux à mon palais.*

Interrogeons maintenant l'Épouse, demandons à cette âme bénie, honorée du baiser de la bouche divine, et sustentée à ces mamelles célestes. ce que nous devons faire. s'il plaît au Seigneur de nous accorder un jour cette faveur insigne. Demandons-lui quelle doit être notre attitude et ce que nous devons dire. Voici ce qu'elle nous répond : *Je me suis assise à l'ombre de celui que j'avais désiré. et son fruit est doux à mon palais. Le Roi m'a introduite dans le cellier du vin et il a ordonné en moi la charité* (1).

Elle dit : *Je me suis assise à l'ombre de celui que j'avais désiré.* O mon Dieu! Comme cette âme est plongée dans le soleil même de la Divi-

(1) *Cant.*, ii, 3, 4.

nité ! comme elle en est embrasée ! Elle dit qu'elle s'est assise à l'ombre de celui qu'elle avait désiré. Ici elle l'appelle seulement pommier et elle ajoute que son fruit est doux à son palais. O âmes qui êtes parvenues à cette oraison, goûtez chacune de ces paroles. De combien de manières pouvons-nous considérer notre Dieu ! combien de sortes de nourritures ne trouvons-nous pas en Lui ! C'est une manne qui a tous les goûts que nous voulons. O quelle ombre ! Qu'elle est céleste ! Qui pourrait exprimer ce que le Seigneur y fait connaître ! Je me souviens que l'ange salua la très Sainte Vierge notre Reine, en ces termes : *La vertu du Très-Haut vous couvrira de son ombre.* Comme une âme doit se trouver à l'abri lorsque le Seigneur l'élève à cette dignité ! Oui, c'est à bon droit qu'elle peut s'asseoir et se considérer en sûreté.

Notez bien cependant ce qui arrive en général et presque toujours. Notre-Seigneur appelle quelquefois une personne à une vocation extraordinaire, comme saint Paul, qu'il place en un instant au sommet de la contemplation ; il lui apparaît, et lui parle de telle sorte qu'il l'élève de suite à une sainteté éminente. Mais ordinairement il accorde des faveurs si élevées et des grâces si hautes aux âmes qui ont beaucoup souffert pour son service, désiré son amour et fait les plus sérieux efforts pour être agréables en tout à sa divine Majesté; or ces âmes se sont depuis des années fatiguées à la méditation et à la recherche de cet Époux; elles éprouvent le plus profond dégoût pour toutes les choses du monde. Aussi elles trouvent leur repos dans la vérité. Elles ne cherchent plus leur consolation, leur paix et leur repos que là où elles savent qu'elles peuvent le trouver véritablement. Elles se placent sous la protection même du Seigneur sans en chercher d'autre. Oh! qu'elles font bien de mettre leur confiance en sa Majesté! Tous leurs vœux se trouvent ainsi accomplis! Qu'heureuse est l'âme qui mérite d'être protégée par cette ombre, même pour les choses que l'on peut voir ici-bas! Car pour celles que l'âme seule peut comprendre, comme je l'ai constaté souvent, c'est bien différent. Il semble, quand l'âme jouit de ce bonheur dont j'ai parlé, qu'elle se sent tout enveloppée et protégée par une ombre, qui est comme une nuée de la Divinité. De là découlent pour elle des influences et une rosée si délicieuse qu'elle lui enlève très justement la fatigue que lui avaient causée les choses du monde. L'âme sent alors une sorte de repos qui est de telle nature que même la nécessité de respirer lui est pénible. Ses puissances sont si reposées et si calmes que la volonté ne voudrait admettre aucune pensée, quelque bonne qu'elle soit ; et de fait, elle n'en admet point par voie de recherche ou d'étude. Elle n'a pas besoin ni de remuer la main, ni de se lever pour quoi que ce soit, je veux dire, de réfléchir, car Notre-Seigneur lui donne un fruit qui est déjà détaché de l'arbre, préparé et même mangé ; c'est le fruit du pommier auquel elle compare son Bien-Aimé ; aussi elle dit que *son fruit est doux à son palais*. Car ici. l'âme n'a qu'à savourer, sans qu'il y ait aucun travail des puissances.

Quant à cette ombre de la Divinité, comme c'est bien à juste titre qu'elle est appelée ombre ! Car nous ne pouvons pas voir clairement la Divinité ici-bas. mais seulement sous la nuée : c'est dans cette ombre qu'est le Soleil resplendissant. Il nous fait connaître, par le moyen de l'amour, que sa Majesté est unie à nous d'une manière si intime qu'on ne saurait l'exprimer. Pour moi. je sais que quiconque aura passé par cet état comprendra combien c'est à bon droit qu'on peut donner ce sens à ces paroles que prononce ici l'Épouse.

Il me semble. à moi, que le Saint-Esprit doit servir de médiateur entre Dieu et l'âme. Il la

meut par des désirs si ardents qu'il l'embrase à
ce feu souverain qui est si près d'elle. O mon
Dieu, qu'elles sont grandes les miséricordes que
vous accordez ici à l'âme! Soyez béni et loué à
jamais, de ce que vous lui portez tant d'amour!
O mon Dieu et mon Créateur, est-il possible qu'il
y ait quelqu'un qui ne vous aime point! Infortunée que je suis! hélas! ne suis-je pas restée
moi-même longtemps sans vous aimer! Pourquoi n'ai-je pas mérité de vous connaître? Voyez
comme ce divin pommier incline ses branches,
afin que l'âme aille parfois y cueillir les pommes,
en considérant ses grandeurs et la multitude des
miséricordes qu'il a eues pour elle, afin qu'elle
voie et goûte le fruit que Notre-Seigneur Jésus-
Christ a tiré de sa Passion, lorsqu'il a arrosé cet
arbre de son sang précieux avec un amour si
admirable.

# CHAPITRE VI

## L'amour fort d'extase et de ravissement

Précédemment (1) l'âme exprimait la joie qu'elle éprouvait à puiser un aliment aux divines mamelles. Comme elle ne faisait que commencer à recevoir de telles faveurs, le divin Époux la soutenait ainsi. Mais maintenant qu'elle a grandi, il la prépare peu à peu à recevoir des grâces plus relevées : il la soutient avec les pommes ; il veut qu'elle arrive à comprendre peu à peu l'obligation où elle est de le servir et de souffrir pour lui. Mais il ne se contente pas encore de tout cela. Chose merveilleuse et bien digne de remarque ! Quand le Seigneur voit qu'une âme est tout à lui, et qu'elle le sert sans aucun intérêt ou motif personnel, mais seulement parce

(1) L'édition du P. Gratien 1611 commence ici le chapitre sixième. Toutes les éditions suivantes ont fait de même jusqu'à celle de M. de la Fuente, qui y a ajouté quelques lignes. Aussi nous l'imitons, comme l'a fait déjà le P. Silverio. Les autres éditions font commencer le ch. vi : Lorsque l'Épouse..., page 87.

qu'il est son Dieu et qu'elle l'aime, alors il ne
cesse jamais de se communiquer à elle ; et il le
fait par une foule de moyens et de manières,
comme il convient à celui qui est la Sagesse
même. Il semble qu'il n'avait rien plus à donner
après sa première paix, et cependant il y a la
faveur que je viens de dire qui est beaucoup plus
élevée encore. Je n'en ai parlé que très imparfai-
tement, car je n'ai fait que toucher légèrement le
sujet. Mais dans le livre dont je vous ai parlé,
mes filles, vous trouverez cette faveur exposée
avec beaucoup plus de clarté, s'il plaît au Seigneur
qu'il voie le jour (1).

Mais que pourrions-nous désirer encore après
ce qui vient d'être dit? O grand Dieu, qu'ils sont
faibles nos désirs, pour s'élever à vos grandeurs,
ô Seigneur! et dans quelle bassesse nous reste-
rions si vos dons se mesuraient sur nos de-
mandes!

Considérons maintenant ce que l'Épouse dit
ensuite.

Lorsque l'Épouse se repose à cette ombre
qu'elle a tant désirée à juste titre, que lui reste-
t-il à souhaiter encore, si ce n'est de ne jamais
perdre un tel bien? Il lui semble, à elle, qu'il

(1) Le livre de sa *Vie.*

n'y a plus rien à désirer, mais notre divin Roi a encore beaucoup à donner, et il ne voudrait faire autre chose, s'il trouvait des âmes pour recevoir ses dons. Je vous l'ai déjà dit souvent, mes filles, je voudrais que vous n'oubliiez jamais que le Seigneur ne se contente pas de mesurer ses dons sur la faiblesse de nos désirs; j'en ai eu la preuve en plusieurs circonstances. Quelqu'un commence à demander au Seigneur certaines occasions de gagner des mérites et de souffrir quelque chose par amour pour lui : mais son intention ne va pas au-delà de ce qu'il croit pouvoir faire. Or, considérez comment sa Majesté peut fortifier ses dispositions. En récompense d'une pareille détermination, il lui envoie tant de travaux, de persécutions et d'infirmités que le pauvre homme ne sait que devenir. Ceci m'est arrivé à moi-même. lorsque j'étais encore bien jeune. Je répétais parfois ces paroles : ô Seigneur, je n'en demandais pas tant ! Mais sa Majesté me donnait un tel courage et une telle patience, que même aujourd'hui je me demande comment je pouvais tant souffrir. Aussi je n'échangerais pas ces travaux pour tous les trésors du monde.

L'Épouse dit : *le Roi m'a introduite*. Oh ! comme l'Épouse exalte ce nom de Roi puissant, qui n'a point de supérieur et dont le règne n'aura point de fin ! Quand l'âme est en cet état, en vérité, il lui manque bien peu de chose pour connaître la grandeur de ce Roi, car connaître tout ce qu'il est, c'est impossible en cette vie mortelle.

L'Épouse dit : *Il m'a introduite dans le cellier du vin et il a réglé en moi la charité.* Ces paroles me donnent lieu de croire que la grandeur de cette faveur est vraiment merveilleuse. De même qu'on peut donner à boire une quantité de vin plus ou moins grande, un vin bon, puis un autre meilleur, et qu'on peut ainsi enivrer quelqu'un plus ou moins, de même en est-il des grâces du Seigneur. Il accorde à l'un une petite quantité du vin de la dévotion, à l'autre une plus grande ; à celui-ci il augmente la mesure de telle sorte qu'il le tire de lui-même, de sa sensualité et de toutes les choses de la terre : à ceux-là il donne une grande ferveur pour le servir, ou bien de grands élans d'amour, ou encore une grande charité pour le prochain, de telle sorte que, tout enivrés de ce vin, ils ne sentent pas les grands travaux par lesquels ils passent. Mais ce que dit l'Épouse indique une mesure abondante. Elle dit que le Roi l'a introduite dans le cellier, pour qu'elle puisse s'y enrichir sans mesure.

Il ne semble pas, en effet, que le Roi veuille mettre des bornes à ses dons. Il veut, au contraire, que l'Épouse boive selon ses désirs, qu'elle s'enivre bien en buvant de tous ces vins qu'il y a dans le cellier du Seigneur. Qu'elle goûte donc de toutes ces joies! Qu'elle soit dans l'admiration de toutes ces merveilles! qu'elle ne craigne point de perdre la vie en buvant à un tel excès qu'elle dépasse la faiblesse de sa nature! qu'elle meure dans ce paradis de délices! O la bienheureuse mort que celle-là qui donne une telle vie! Oui, en vérité, il en est ainsi. Ces merveilles que l'âme comprend, sans savoir comme elle les comprend, sont si élevées qu'elle en est complètement ravie, comme elle dit elle-même par ces paroles : *Il a réglé en moi la charité.*

O paroles que ne devrait jamais oublier l'âme à qui le Seigneur accorde de tels bienfaits! O souveraine faveur! comme on est loin de pouvoir la mériter, si le Seigneur ne nous prête son secours!

Il est vrai toutefois que l'âme alors n'est pas éveillée même pour aimer. Mais, ô bienheureux sommeil, ô délicieuse ivresse, qui porte l'Époux lui-même à suppléer ce que l'âme ne peut faire. Il établit en elle un ordre si merveilleux que, toutes les puissances étant mortes ou endormies, l'amour reste vivant sans comprendre cependant comment il opère; par la volonté de Dieu, il opère d'une manière si extraordinaire qu'il devient une seule chose avec le Seigneur lui-même de l'amour, qui est Dieu. Il opère avec une pureté très grande; rien ne le trouble. ni les sens, ni les puissances, je veux dire l'entendement. et la mémoire; la volonté n'a pas, non plus, conscience d'elle-même (1).

Je me pose maintenant une question : N'y a-t-il pas quelque différence entre la volonté et l'amour? Et il me semble qu'il y en a une : je ne sais cependant si je ne dis pas une folie. L'amour, à mon avis, est comme une flèche que lance la volonté. Si cette flèche part avec toute la force que possède la volonté délivrée déjà de toutes les choses de la terre et occupée de Dieu seul, elle doit très certainement faire une blessure à sa Majesté. Aussi, enfoncée en Dieu lui-même qui est amour, elle en revient avec les plus grands profits, comme je vais le dire. Et il en est vraiment ainsi. Je le sais de quelques personnes à qui Notre-Seigneur a accordé une si haute faveur dans l'oraison. Quand elles entrent dans cette sainte ivresse, toutes leurs puissances sont sus-

---

(1) L'entendement reçoit des lumières et comprend, mais il ne discourt pas; la volonté aime, mais elle ne fait pas de choix, et ainsi l'âme opère par l'amour et mérite par son libre arbitre. — *Note du P. Gratien.*

pendues; à en juger même par leur extérieur, on voit clairement qu'elles ne sont plus en elles-mêmes. Vous leur demandez ce qu'elles éprouvent, et il leur est absolument impossible de le dire. Elles n'ont pas su ni pu comprendre quoi que ce soit de la manière dont l'amour agit alors.

Ce que l'âme comprend bien, ce sont les avantages immenses qu'elle retire de là : elle le voit par les effets, par les vertus et la foi vive qui lui restent et par le mépris qu'elle a pour le monde. Mais comment ces biens lui ont-ils été accordés? quelle jouissance éprouve-t-elle alors? elle ne saurait le dire. Elle sait seulement qu'au début de cette faveur, elle éprouve la suavité la plus grande. Aussi il est bien clair que c'est là ce que veut dire l'Épouse. La sagesse de Dieu supplée à l'impuissance de l'âme en cet état et règle tout pour qu'elle puisse obtenir durant ce temps les faveurs les plus signalées.

Mais si l'âme est tellement hors de soi et perdue en Dieu qu'elle ne peut produire aucun acte par l'exercice de ses puissances, comment peut-elle mériter? D'un autre côté, est-il possible que Dieu lui accorde une si haute faveur, pour qu'elle perde son temps et ne gagne rien? Cela n'est pas croyable. O secrets divins! Nous n'avons ici qu'à courber notre entendement, et à considérer qu'il est impuissant à comprendre les grandeurs de Dieu. Il est bon de nous rappeler ici ce que fit la Vierge, notre Reine. Malgré toute la sagesse dont elle était remplie, elle adressa cette demande à l'ange : *Comment cela se fera-t-il?* Et dès que l'ange lui a répondu : *Le Saint-Esprit surviendra en vous, et la vertu du Très-Haut vous couvrira de son ombre*, elle n'a garde de discuter plus longtemps. Comme elle possédait la foi la plus vive et la sagesse la plus grande. elle comprit aussitôt que, ces deux choses intervenant, il n'y avait plus rien à savoir, il n'y avait plus à douter.

Ce n'est point là ce que font certains savants, que le Seigneur ne conduit pas par ce genre d'oraison et qui n'ont pas la première idée de la vie spirituelle. Ils veulent tellement soumettre ces choses à leur raison et les mesurer d'après leur faible vue. qu'on dirait vraiment qu'avec leur science ils doivent comprendre toutes les grandeurs de Dieu. Ah! s'ils pouvaient apprendre un peu de l'humilité de la très sainte Vierge! O ma Reine, n'est-ce pas de vous qu'on peut apprendre parfaitement ce qui se passe entre Dieu et l'Épouse, selon ce qu'elle dit dans les *Cantiques*? Aussi, mes filles. vous pouvez voir dans l'office de Notre-Dame que nous récitons chaque semaine les nombreuses paroles des *Cantiques* que renferment les antiennes et les leçons. Quant aux autres âmes, elles pourront comprendre ce langage selon les lumières que Dieu leur donnera. Chacune d'elles pourra voir clairement si elle est arrivée à recevoir quelques-unes de ces faveurs dont parle l'Épouse, quand elle dit : *Il a réglé en moi la charité*. Mais elles ne sauraient dire où elles ont été, ni comment dans une faveur si élevée elles ont contenté le Seigneur, ni ce qu'elles sont devenues, puisqu'elles n'ont pas même remercié Dieu d'une telle grâce.

O âme aimée de Dieu, ne te désole pas, s'il plaît à sa Majesté de t'élever à cet état et de te parler avec autant d'amour qu'il le fait en beaucoup d'endroits des *Cantiques*, lorsqu'il s'adresse à l'Épouse, comme quand il lui dit : *Tu es toute belle, ô mon amie*, et d'autres choses où il lui montre le contentement qu'il reçoit d'elle, il est à croire qu'il ne consentira pas à ce que tu lui déplaises à un tel moment, mais qu'il t'aidera à accomplir ce que tu ne saurais faire, car il veut recevoir de toi plus de contentement encore.

Il voit l'âme toute ravie et hors d'elle-même pour l'aimer. Il voit que la force même de l'amour lui a enlevé de l'entendement la faculté de discourir (1) pour qu'elle puisse l'aimer davan-

(1) Nous traduisons ici le mot *entendimiento* par *faculté de*

tage; va-t-il maintenant refuser de se donner à cette âme qui se livre à lui tout entière? Sa Majesté n'a pas coutume d'agir de la sorte, elle ne le pourrait pas.

Il me semble que le Seigneur recouvre peu à peu d'émail cet or qu'il a déjà préparé par ses dons, et qu'il a éprouvé pour voir de quelle qualité est l'amour de l'âme. Il le travaille de mille moyens et manières, et l'âme, arrivée à cet état, pourrait nous en parler. Elle est l'or dont je parle. Elle ne fait, durant ce temps, aucun mouvement et n'agit pas plus par elle-même que ne le ferait l'or lui-même. Elle est entièrement soumise à ce que voudra faire d'elle le divin orfèvre. La divine Sagesse, contente de trouver en elle de telles dispositions, vu qu'il y en a si peu qui l'aiment avec cette force, apporte les soins les plus délicats à enchâsser peu à peu dans cet or une foule de pierres précieuses et d'émaux.

Mais l'âme, que fait-elle durant ce temps? C'est là ce que l'on ne saurait comprendre. On ne peut pas en savoir plus que ce que l'Épouse nous en dit par ces paroles : *Il a réglé en moi la charité.* Du moins si elle aime, elle ne sait pas

---

*discourir,* comme nous l'avons déjà fait remarquer d'après l'édition du P. Gratien de 1611.

comment elle aime et elle ne comprend pas ce qu'elle aime. L'amour si grand que lui porte le Roi qui l'a élevée à un état si glorieux, doit s'être uni l'amour de cette âme, de telle sorte que l'entendement ne mérite pas de le comprendre. Et si ces deux amours n'en font plus qu'un, si celui de l'âme est totalement uni à celui de Dieu et établi en lui, comment l'entendement pourrait-il arriver à le comprendre? Il le perd de vue, durant ce temps qui est d'ailleurs très court et jamais de longue durée. Dieu règle alors cet amour de telle sorte que l'âme sait très bien contenter la divine Majesté, et durant ce temps et même après cette faveur, sans que l'entendement puisse le comprendre, comme je l'ai déjà dit. Mais il le comprend très bien plus tard, lorsqu'il voit que cette âme est tout émaillée et enrichie des pierres précieuses et des perles des vertus. Il en est dans l'étonnement et il peut dire : *Quelle est celle-ci qui est restée éclatante comme le soleil?* (1)

O véritable Roi! Comme l'Épouse a raison de vous donner ce nom! puisque dans un instant vous pouvez répandre des richesses, et en combler une âme qui en jouira toujours! comme l'amour demeure réglé dans cette âme!

(1) *Cant.*, vi, 9.

Je pourrais vous en donner des preuves évidentes, car j'en ai vu plusieurs exemples. Je me rappelle en ce moment une âme qui en trois jours a reçu de Notre-Seigneur une très grande abondance de biens, que si une expérience de plusieurs années et des progrès constants ne me le faisaient croire, la chose ne me semblerait pas possible. Je connais une autre personne qui en trois mois reçut la même grâce. Et toutes les deux étaient jeunes encore (1). J'en ai vu d'autres aussi à qui Dieu a accordé la même grâce, mais après beaucoup de temps.

J'ai parlé de ces deux âmes, mais je pourrais dire la même chose de quelques autres encore, car si j'ai dit déjà qu'il y en a peu à qui Notre-Seigneur réserve cette faveur à moins qu'elles n'aient passé de longues années dans les souffrances, il y en a cependant quelques-unes. On ne saurait fixer une mesure à un Maître si grand et si désireux de répandre ses dons.

Voici un effet qui se produit assez ordinairement, quand le Seigneur élève une âme à cette faveur. Je suppose qu'il s'agit d'une faveur de Dieu, et non pas de quelque illusion, mélancolie ou effort de la nature elle-même, c'est ce que l'on

(1) *Vie*, ch. xxxix.

découvre avec le temps comme il manifeste bien aussi les vraies faveurs. Quand ces faveurs viennent de Dieu, les vertus demeurent si affermies, et l'amour si embrasé, que l'âme ne peut les cacher parce que, même à son insu, elle fait du bien à d'autres âmes. Aussi l'Épouse dit-elle : *Il a réglé en moi la charité.*

La charité est si bien réglée, que l'amour qu'elle avait pour le monde disparaît; celui qu'elle avait pour elle-même se change en haine; celui qu'elle portait à ses proches demeure de telle sorte qu'elle ne les aime plus que pour Dieu. Quant à l'amour qu'elle porte au prochain et à ses ennemis, on ne pourra le croire si on n'en voit pas la preuve. Son amour pour Dieu est si grand, si excessif qu'il la presse quelquefois au-delà de ce que peut supporter sa faible nature; comme elle voit qu'elle va défaillir et mourir, elle dit : *Soutenez-moi avec des fleurs, fortifiez-moi avec des pommes, car je me sens défaillir d'amour* (1).

(1) *Cant.*, ii, 5.

# CHAPITRE VII

## De l'amour utile ; c'est le plus haut degré de l'amour.

*Soutenez-moi avec des fleurs, fortifiez-moi avec des pommes ; car je languis d'amour.*

Oh! quel langage divin pour le sujet qui m'occupe! Comment, ô Épouse sainte, la suavité peut-elle vous donner la mort? Parfois, il est vrai, comme je l'ai appris, la suavité est si excessive qu'elle tire l'âme hors d'elle-même, de telle sorte qu'elle ne semble plus pouvoir supporter la vie! Mais pourquoi donc demandez-vous des fleurs? Et quelles sont donc ces fleurs? Ce n'est pas là le remède qu'il vous faut, à moins que vous ne les demandiez pour achever de vous donner la mort; et à la vérité, elle ne désire rien plus, l'âme qui est arrivée à cet état. Mais ce n'est pas ce qu'elle signifie, puisqu'elle dit : *Soutenez-moi avec des fleurs.* Dès lors qu'elle dit : *soutenez-moi,* il me semble qu'elle ne demande pas la mort. Elle veut, au contraire, la vie, pour rendre quelque service à celui envers qui elle se reconnaît si obligée.

Ne croyez pas, mes filles, que j'exagère en vous disant qu'elle se meurt. Comme je vous l'ai déjà dit, cela se passe vraiment ainsi. L'amour agit parfois avec tant de force qu'il s'empare d'une manière absolue de notre faible nature.

Je connais une personne qui, étant élevée à une oraison de ce genre, entendit chanter une voix harmonieuse. Or il lui semblait, assure-t-elle, que, si le chant n'avait cessé, son âme allait s'envoler, tant était grande la jouissance et la suavité que Notre-Seigneur lui faisait goûter. Mais sa Majesté y pourvut en faisant cesser le chant de cette voix; car la personne qui était ainsi ravie pouvait bien en mourir, mais il lui était impossible de prononcer une parole pour faire cesser le chant. Tous ses mouvements extérieurs étaient enchaînés et ne pouvaient donner aucun signe. Elle voyait bien le danger où elle se trouvait, mais elle était comme une personne qui dans un profond sommeil rêve à un danger dont elle voudrait sortir, et qui se trouve dans l'impuissance de proférer une parole, alors même qu'elle le voudrait. Ici, au contraire, l'âme ne désire pas sortir de cet état; il ne lui serait pas pénible de mourir, ce serait plutôt une grande joie ; puisque c'est là ce qu'elle appelle de tous ses vœux (1).

Je sais (2) d'une manière certaine qu'une personne qui, je puis l'affirmer, ne ment pas, a été quelquefois sur le point de mourir par suite de son grand désir de voir Dieu (3) et de la joie extrême de son âme qui étant ainsi favorisée se mourait de son amour. Dans ces délices où elle était, elle n'aurait pas voulu sortir de là, et il ne lui eût pas été pénible de mourir ; elle en eût éprouvé, au contraire, une joie très vive. Elle n'est pas alors dépourvue de ce désir (4), mais elle en vit ; car la joie qu'elle éprouve dans cette haute oraison et à ce degré d'amour, n'admet aucune peine (5).

Oh ! quelle mort heureuse que celle qui viendrait des mains de cet amour ! Sa Majesté néan-

(1) La Sainte parle ici d'elle-même. — Cf. *Relation* IV et *Château de l'âme*, *VI* Demeure*, chap. xi.

(2) Fragment emprunté à la copie de Baëcc.

(3) Non par suite du désir de voir Dieu dont j'ai parlé, mais par suite de la joie extrême... (*Variante de la copie de Consuegra.*)

(4) Elle n'est pas alors dépourvue de ce désir, mais la joie qu'elle éprouve dans cette haute oraison n'admet aucune peine. (*Variante de la copie de Consuegra.*)

(5) Fin du fragment de la copie de Baëcc.

moins lui envoie parfois sa lumière pour lui montrer qu'il est bon qu'elle vive encore. Mais elle voit que sa faible nature ne pourra résister à une telle faveur si elle dure longtemps ; aussi elle lui demande un autre bien pour sortir de cette grâce si excessive, et elle dit : *Soutenez-moi avec des fleurs.*

Ces fleurs ont un parfum tout autre que celui des fleurs que nous respirons ici-bas. Par ces paroles, l'Épouse, à mon avis, demande d'accomplir de grandes œuvres au service de Notre-Seigneur et du prochain. Et pour cela elle renonce volontiers à ces joies et à ces délices. Ces fleurs, il est vrai, appartiennent plutôt à la vie active qu'à la vie contemplative, et l'âme semble devoir perdre si sa demande est exaucée ; cependant, quand elle est ainsi favorisée, Marthe et Marie ne cessent, pour ainsi dire, jamais plus d'agir ensemble. L'intérieur exerce alors son influence sur la vie active et extérieure. De plus, quand les œuvres extérieures viennent de cette racine, ce sont des fleurs admirables et d'un parfum des plus suaves. Elles procèdent de cet arbre qui est l'amour de Dieu ; elles sont accomplies pour Dieu seul, sans aucun intérêt personnel. Le parfum de ces fleurs se répand au loin pour le profit spirituel d'un grand nombre d'âmes. C'est un

parfum qui demeure au lieu de passer promptement, et qui produit de profonds effets.

Je veux m'expliquer plus longuement, pour
que vous compreniez ce que je veux dire. Un
prédicateur donne un sermon dans le but de
faire du bien aux âmes. Mais il n'est pas tellement détaché de tout intérêt humain qu'il n'ait
aussi quelque prétention de plaire afin de se procurer de la gloire ou du crédit, ou même, s'il
prêche bien, quelque canonicat. Il en est ainsi
de beaucoup d'autres choses que l'on fait pour
l'utilité du prochain et avec une bonne intention.
Mais on a grand soin de ne rien perdre par là et
de ne point déplaire aux hommes. On a peur de
la persécution ; on tient à avoir les bonnes grâces des rois, des grands et du peuple. On agit
avec cette discrétion que le monde estime tant
et qui couvre tant d'imperfections. parce qu'on
lui donne précisément le nom de discrétion, et
plaise à Dieu qu'elle soit telle !

Ces personnes, évidemment, rendent gloire à sa
Majesté et font beaucoup de bien, mais ce ne sont
point là, à mon avis, les œuvres ni les fleurs que
demande l'Épouse. Car l'Épouse ne recherche
que l'honneur et la gloire de Dieu en tout. Or
je crois vraiment que les âmes que Dieu élève à
cet état, d'après ce que j'ai compris de plusieurs

d'entre elles, ne se souviennent pas plus d'elles-mêmes que si elles n'existaient pas. Elles ne considèrent point s'il y aura pour elles une perte ou un gain, elles n'ont d'autre but que celui de servir et de contenter le Seigneur. Elles savent l'amour que Dieu porte à ses fidèles serviteurs ; aussi elles sont heureuses de se priver de ses douceurs et de ses biens pour lui plaire en servant le prochain et en lui annonçant de leur mieux des vérités qui lui feront du bien. Je le répète, elles ne se préoccupent pas des pertes qu'elles peuvent subir personnellement. Le profit spirituel du prochain est leur objectif, et rien de plus. Pour contenter Dieu davantage, elles s'oublient elles-mêmes au service des âmes, et vont même, comme beaucoup de martyrs, jusqu'à sacrifier leur vie dans cette entreprise. Leurs paroles respirent cet amour de Dieu si élevé qui les embrase. Enivrées de ce vin céleste, elles n'ont pas la pensée qu'elles peuvent déplaire aux hommes, ou si elles l'ont, elles ne s'en préoccupent pas. Ces âmes font le plus grand bien.

Je me rappelle maintenant ce que j'ai souvent pensé de cette sainte Samaritaine, qui évidemment dut être blessée, elle aussi, de l'amour du prochain. Comme elle avait bien compris dans son cœur les paroles du Seigneur ! Elle quitte le

Seigneur lui-même pour procurer le gain et le profit des gens de sa localité. Et comme sa conduite vient confirmer ce que j'avance! Aussi, en récompense d'une telle charité, elle mérite qu'on ajoute foi à sa parole et elle peut voir les grands biens que Notre-Seigneur a accordés à ce peuple. Il me semble qu'une des plus grandes consolations qu'il y ait sur la terre doit être de voir que nous sommes utiles aux âmes. Alors, on déguste, à mon avis, le fruit savoureux de ces fleurs. Heureux ceux que le Seigneur comble de telles grâces! Oh! comme ils sont obligés à le servir!

La sainte Samaritaine, dans l'ivresse divine où elle se trouve, parcourt les rues, en annonçant à haute voix le Messie. Ce qui me ravit, c'est de voir comment on ajoute foi à la parole d'une femme, et encore elle ne devait pas être d'une condition élevée, puisqu'elle allait elle-même puiser de l'eau. Mais qu'elle devait être humble! Quand, en effet, le Seigneur lui découvre ses fautes, elle ne s'en offense point, comme le fait aujourd'hui le monde qui ne supporte pas qu'on lui dise la vérité, mais elle répond qu'il doit être un prophète. Enfin, on la crut, et sur sa parole, une grande foule sortit de la ville pour aller voir le Seigneur.

Je dis qu'ils font le plus grand bien aux âmes

ceux qui, après avoir passé plusieurs années dans un commerce intime avec sa Majesté où ils ont reçu ses faveurs et ses délices, ne veulent pas manquer de le servir dans les choses pénibles, malgré la privation de leurs joies et de leurs contentements. Je dis, en outre, que ces fleurs et ces œuvres que produit et donne l'arbre d'un si fervent amour, répandent un parfum qui dure beaucoup plus longtemps que les autres. Une seule de ces âmes zélées fait, par ses paroles et par ses œuvres, plus de bien qu'un grand nombre d'autres qui mêlent toujours à leurs paroles et à leurs œuvres la poussière de leur sensualité ou un intérêt personnel.

De ces fleurs viennent ensuite les fruits, et ces fruits sont les pommes dont parle aussitôt l'Épouse, quand elle dit : *Fortifiez-moi avec des pommes*. Donnez-moi, Seigneur, des travaux, donnez-moi des persécutions. Et, en vérité, elle les appelle de tous ses vœux, et elle en tire les plus grands avantages. Comme elle ne cherche plus son contentement personnel, mais celui de Dieu, son ambition est d'imiter en quelque chose la vie très douloureuse que le Christ a menée ici-bas.

J'entends par pommier l'arbre de la Croix, parce que l'Époux dit dans un autre passage du livre des *Cantiques* : *C'est sous cet arbre, sous le pommier, que je vous ai ressuscitée* (1). Or, c'est pour l'âme un profond soulagement d'être environnée de croix, de travaux et de persécutions, afin de n'être pas toujours dans les délices de la contemplation. C'est une grande joie pour elle de souffrir; ces souffrances d'ailleurs ne la consument point et ne débilitent point ses forces, comme cela aurait lieu si la suspension des puissances dans la contemplation était très fréquente. Elle a donc raison de demander des croix, car elle ne doit pas être toujours à jouir sans rendre des services à son Dieu et sans endurer quelques souffrances pour lui. Pour moi, voici çe que je découvre en certaines personnes qui malheureusement à cause de nos péchés ne sont pas nombreuses. Plus elles sont avancées dans cette oraison, et favorisées des joies de Notre-Seigneur, plus elles se dévouent aux nécessités du prochain, et surtout à celles des âmes. Aussi, pour en tirer une seule du péché mortel, elles donneraient, ce semble, mille vies, comme je l'ai dit au commencement.

Mais qui fera croire cette vérité à ceux que Notre-Seigneur commence à favoriser de ces grâces? Il leur semblera peut-être que de telles âmes ont une vie mal employée et qu'il est plus avan-

______
(1) *Cant.*, viii, 5.

tageux de rester dans son coin à jouir de faveurs si élevées. Je crois que c'est par un effet de la miséricorde de Dieu que ceux-là ne comprennent pas le degré de perfection où sont parvenues de telles âmes ; car avec la ferveur qui les anime dans ces débuts, ils voudraient aussitôt arriver d'un bond à la même hauteur, et cela ne leur convient pas. Ils ne sont pas suffisamment formés ; ils doivent se fortifier plus longtemps avec le lait dont j'ai parlé au commencement. Qu'ils se tiennent donc près des divines mamelles, et le Seigneur aura soin, dès qu'ils auront les forces suffisantes, de les élever plus haut. Sans cela, ils ne feraient pas aux autres le bien qu'ils s'imaginent, mais se nuiraient plutôt à eux-mêmes.

Dans le livre dont je vous ai déjà parlé (1), vous verrez que j'expose longuement à quelle époque l'âme doit désirer sortir de sa solitude pour faire du bien au prochain, et quel danger elle court si elle se livre trop tôt à son zèle, aussi je n'en veux rien dire ici, ni m'étendre davantage sur ce point.

Mon but a été, en commençant cet écrit, de vous faire connaître comment vous pouvez goûter des délices lorsque vous entendez certaines

(1) *Vie*, ch. xiii.

paroles du livre des *Cantiques* et de vous engager à méditer les grands mystères qu'elles renferment, tout obscures qu'elles vous paraissent. Je ne m'étends pas davantage ; ce serait témérité de ma part. Plaise au Seigneur qu'il n'y en ait pas eu dans cet écrit ! bien que je n'ai voulu qu'obéir à celui qui me le commandait. Que sa Majesté retire sa gloire de tout ! S'il y a quelque chose de bon dans cet écrit, vous serez bien persuadées que cela ne vient pas de moi. Les religieuses qui vivent avec moi sont témoins du peu de temps que mes nombreuses occupations m'ont laissé pour le composer. Suppliez sa Majesté de me faire connaître par expérience ce que je vous ai dit. Que celle d'entre vous qui croira posséder quelqu'une de ces faveurs en loue le Seigneur, et lui demande de m'accorder la dernière grâce dont je viens de parler, afin que le profit ne soit pas pour elle seule. Plaise à Notre-Seigneur de nous tenir de sa main et de nous enseigner toujours à accomplir sa volonté ! Ainsi soit-il (1).

(1) Le P. Bagnès a mis à la continuation de ce texte l'approbation suivante : « J'ai lu avec soin ces quatre petits cahiers qui forment en tout huit feuilles et demie. Je n'y ai pas trouvé une mauvaise doctrine, mais plutôt une doctrine bonne et utile. Du collège de St-Grégoire à Valladolid, 10 juin 1575. fr. Dominique Bagnès. »

# EXCLAMATIONS

# EXCLAMATIONS

## INTRODUCTION (1)

Quand Louis de Léon publia les Œuvres de la Sainte en 1588, il ne donna aucun renseignement sur les autographes de ces *Exclamations*. Il a dû cependant les avoir entre les mains, ou du moins en posséder des copies authentiques. Sans quoi, l'Ordre du Carmel, qui l'avait chargé de l'édition, et Anne de Jésus, qui lui avait fourni les papiers nécessaires pour la réaliser, n'auraient pas manqué de faire des réclamations. Il existe toutefois deux copies principales de ces *Exclamations*, celle de Salamanque et celle de Grenade.

La première, qui se trouve à l'Université de Salamanque, est due au P. Ribera, S. J., et se trouve à côté de la copie qu'il a faite du livre des *Demeures* ou *Château de l'âme* de la Sainte. Elle ne s'éloigne pas sensiblement de l'édition de Louis de Léon, malgré son orthographe indécise et flottante. Mal-

(1) *Hist. Gen.*, t. I. l. V, c. 38. — *Memorias Historiales*, l. C, n. 35, et l. O, n. 47. — P. Silverio, t. IV.

heureusement, elle ne fournit, elle non plus, aucun renseignement sur l'autographe de la Sainte.

La seconde copie, qui se trouve chez les Carmélites de Grenade, remonte, paraît-il, jusqu'à l'époque de la Sainte. Mais elle est très incomplète. Les quatre feuilles dont elle se compose contiennent les *Exclamations* I<sup>re</sup>, X<sup>e</sup>, XIII<sup>e</sup> complètes, la XI<sup>e</sup> et la XII<sup>e</sup> presque complètes, un long fragment de la II<sup>e</sup>, ainsi que deux lignes de la IX<sup>e</sup> et de la XIV<sup>e</sup>.

Outre ces deux copies, il y a chez les Carmélites de Sainte-Anne, à Madrid, trois fragments, un de l'*Exclamation* IV<sup>e</sup>, et deux de l'*Exclamation* XVII<sup>e</sup>. Mais ces trois fragments sont fabriqués avec des lettres découpées des écrits de la Sainte. On doit en dire autant du fragment qui se trouve chez les carmélites de Guadalaxara et qui reproduit trois lignes de l'*Exclamation* XVII<sup>e</sup> avec la signature de la Sainte. Ces copies n'ont donc aucune valeur critique.

La date de composition est difficile à fixer. Nous pensons néanmoins que, si dans son édition de 1588, Louis de Léon a cru devoir donner la date de 1569, c'est qu'il devait être renseigné par la Vén. Anne de Jésus elle-même. Ainsi, à moins d'indications plus précises, nous pensons que le plus sûr est de nous en tenir à cette date.

Une chose certaine d'après la tradition, c'est que la Sainte a composé ces *Exclamations* dans les heureux moments qui suivaient la sainte communion. Elle a chanté alors sa reconnaissance et son amour envers Dieu avec des accents tellement élevés et surnaturels qu'ils ne semblent pas avoir été jamais dépassés dans la littérature du mysticisme chrétien.

I <sup>(1)</sup>

O ma vie, ô ma vie, comment peux-tu te soutenir, étant loin de ta Vie! Dans une si profonde solitude, de quoi t'occupes-tu? Que fais-tu, puisque toutes tes œuvres sont imparfaites et défectueuses? Qu'est-ce qui peut te consoler, ô mon âme, au milieu de cette mer bouleversée par les tempêtes? Je pleure sur moi, et mes larmes coulent plus abondantes, quand je songe au temps où j'ai vécu sans pleurer. O Seigneur! comme vos voies sont pleines de douceur! Mais qui donc oserait y marcher sans crainte? Je redoute de vivre sans vous servir, et quand je travaille à vous servir, je ne trouve rien qui soit capable de me satisfaire et de vous payer quelque chose de ce que je vous dois. Il semble que je voudrais me consacrer tout entière à vous glorifier, et lorsque je considère bien ma misère, je vois que je ne puis rien de bon, si vous ne me donnez de l'accomplir.

O mon Dieu, ô ma miséricorde! que ferai-je

---

(1) La copie de Grenade reproduit cette *Exclamation.*

pour ne point défaire les magnificences que vous opérez en moi? Vos œuvres sont saintes, elles sont justes; elles sont d'une valeur inestimable; elles sont d'une sagesse profonde, car vous êtes, Seigneur, la sagesse même. Si mon esprit s'occupe à la considérer, ma volonté se plaint, parce qu'elle voudrait que personne ne vînt l'empêcher de vous aimer. L'entendement, en effet, en contemplant de telles grandeurs, ne peut comprendre ce qu'est son Dieu; mais sa volonté désire en jouir; et elle ne voit pas le moyen d'y arriver, enchaînée comme elle est dans la prison si pénible de cette vie mortelle. Tout lui est obstacle; et cependant elle a été tout d'abord secondée par la considération de vos grandeurs; c'est alors que j'ai le mieux compris mes innombrables bassesses. Mais pourquoi parler ainsi, ô mon Dieu? A qui donc osé-je me plaindre? Quel est celui qui m'écoute, sinon vous, mon Père et mon Créateur? Quelle nécessité ai-je de parler, pour que vous connaissiez ma peine, quand je vois si clairement que vous êtes au-dedans de moi? C'est là une folie de ma part. Mais, hélas! mon Dieu, comment puis-je savoir sûrement que je ne suis pas séparée de vous? O ma vie, faut-il donc que tu vives avec si peu de sécurité sur un point d'une telle importance! Qui donc pourrait

te désirer, quand le seul avantage qu'on puisse
tirer ou espérer de toi, et qui consiste à contenter Dieu en tout, est si incertain et si plein de
dangers !

II

O mon Seigneur, je considère bien souvent
que si quelque chose peut aider l'âme à supporter la vie loin de vous, c'est la solitude, parce
qu'elle s'y repose près de Celui qui est son repos.
Mais comme elle n'en jouit pas avec une entière
liberté, le tourment redouble très fréquemment
pour elle ; toutefois ce tourment ne lui semble
que délices quand elle le compare à celui où elle
est de traiter avec les créatures et de cesser de
s'entretenir seule à seul avec son Créateur.

Mais qu'est-ce que cela signifie, ô mon Dieu ?
Comment le repos peut-il fatiguer une âme qui
n'aspire qu'à vous contenter ? O amour puissant
de Dieu, que tes effets sont différents de ceux de
l'amour du monde ! Celui-ci ne veut pas de compagnie, car il lui semble qu'elle va lui enlever le
bien qu'il possède. Il n'en est pas de même de
celui de mon Dieu ; plus il comprend que ceux
qui l'aiment sont nombreux, plus il s'enflamme ;

voilà pourquoi ses joies sont diminuées quand il voit que toutes les âmes ne goûtent pas les douceurs de ce trésor. O mon Bien, c'est là le motif pour lequel, au milieu de toutes les délices et de tous les contentements qu'elle trouve en Vous, l'âme s'attriste à la pensée du grand nombre de ceux qui ne veulent pas de ces joies, et de ceux qui en seront privés toute une éternité (1). Elle cherche alors les moyens de vous procurer des amis; et elle sacrifie volontiers sa tranquillité personnelle, quand elle croit contribuer à ce que d'autres recherchent ce bonheur dont elle jouit.

Mais, ô mon céleste Père, ne vaudrait-il pas mieux que l'âme réserve ce zèle pour le moment où elle est moins inondée de vos consolations, et pour lors s'employer tout entière à jouir de vous? O mon Jésus, comme il est grand l'amour que vous portez aux enfants des hommes! Le plus signalé service que l'on puisse vous rendre est de vous abandonner par amour pour eux et de travailler à leur bien spirituel. Et alors nous vous possédons d'une manière plus parfaite. Notre cœur, il est vrai, ressent moins la satisfac-

(1) Ici se termine la première partie de la copie de Grenade.

tion de la jouissance, mais l'âme met son bonheur à vous contenter; car elle le voit, les joies d'ici-bas, alors même qu'elles sembleraient venir de votre main, sont incertaines, tant que nous vivons sur cette misérable terre, si elles ne sont accompagnées de l'amour du prochain. Celui qui ne l'aime pas ne vous aime pas, ô mon Seigneur, puisque, comme nous le voyons, vous montrez par l'effusion de tout votre sang l'amour si grand que vous portez aux enfants d'Adam.

## III

Quand je considère, ô mon Dieu, la gloire que vous avez préparée à ceux qui persévèrent dans l'accomplissement de votre volonté; quand je vois au prix de quelles souffrances et de quelles douleurs votre Fils nous l'a méritée, et combien nous nous en étions rendus indignes; quand je constate combien il est juste de ne pas payer par l'ingratitude un amour si grand qui a fait tant de sacrifices pour nous enseigner à l'aimer, mon âme tombe dans une affliction profonde. Comment est-il possible, Seigneur, qu'on perde le souvenir de tant de bienfaits, et que les mortels vous oublient jusqu'à vous offenser? O mon Rédempteur, comment encore peuvent-ils à ce point oublier leurs propres intérêts? Comment votre bonté est-elle si grande, que même alors vous vous souveniez encore de nous? Nous sommes tombés parce que nous avons voulu vous blesser d'un coup mortel; et vous, oubliant notre malice, vous venez de nouveau nous tendre la main et nous réveiller de cette frénésie si incurable pour que nous recherchions notre guérison et que nous vous la demandions. Béni soit un tel Seigneur! Bénie soit une si grande miséricorde! Louanges sans fin à une compassion si pleine de tendresse!

O mon âme, bénis à jamais un Dieu si grand! Comment peut-on s'insurger contre lui? Oh! de quelle infortune sera aux ingrats la grandeur même du bienfait! Apportez-y un remède, vous-même, ô mon Dieu. O enfants des hommes, jusques à quand aurez-vous le cœur endurci, et vous en servirez-vous pour lutter contre ce très doux Jésus? Qu'est-ce que cela signifie? Est-ce que, par hasard, notre malice prévaudrait contre lui? Non certes; la vie de l'homme passe comme la fleur des champs, et le Fils de la Vierge doit venir un jour prononcer la terrible sentence. O mon Dieu, ô vous le Tout-Puissant, puisque,

quand même nous ne le voudrions pas, vous
devez nous juger, pourquoi donc ne considérons-
nous pas combien il nous importe que vous nous
soyez favorable à cette heure solennelle? Mais
qui donc, qui donc ne voudrait pas d'un si juste
Juge? Bienheureux ceux qui, en ce moment terrible, se réjouiront avec vous, ô mon Dieu, ô
mon Seigneur!

Je considère celui que vous avez relevé et qui
a reconnu combien il s'était misérablement perdu pour se procurer une bien courte satisfaction; il est décidé à vous contenter toujours, avec
votre secours, car vous ne refusez jamais votre
grâce, ô Bien de mon âme, à ceux qui vous
aiment, et vous ne manquez jamais de répondre
à l'appel de celui qui crie vers vous. Mais quel
remède, Seigneur, aura-t-il pour vivre ensuite?
Ne sera-t-il pas dans une mort continuelle au
souvenir d'avoir perdu un bien aussi grand que
celui de l'innocence du baptême? La meilleure
vie qu'il puisse mener, c'est d'en mourir sans
cesse de regret. Quant à l'âme qui vous aime
tendrement, comment pourra-t-elle supporter
cette peine? Mais, ô mon Seigneur, quelle demande insensée est la mienne! Il semble que
j'aie oublié vos grandeurs et vos miséricordes!
On dirait que je ne me souviens plus que vous

êtes venu au monde pour les pécheurs. Ne nous avez-vous pas rachetés à un si haut prix, que vous avez payé nos faux plaisirs par les plus cruels tourments et la plus terrible flagellation? N'avez-vous pas porté remède à mon aveuglement en laissant bander vos yeux divins, et ma vanité, en permettant qu'on ceignît votre tête d'une si cruelle couronne d'épines? O Seigneur, ô Seigneur, tout cela ajoute encore à la douleur de l'âme qui vous aime. Une seule chose la console, c'est que votre miséricorde sera louée à jamais, quand on connaîtra ma malice; toutefois je ne sais si ma peine disparaîtra sur la terre, et si elle ne durera pas jusqu'au jour où, vous contemplant face à face, je serai délivrée de toutes les misères de cette vie.

## IV

Il me semble, ô mon Seigneur, que mon âme trouve du repos, en songeant à la joie qui l'inondera, si par votre miséricorde elle obtient la grâce de vous posséder. Mais elle voudrait tout d'abord vous servir, puisqu'elle doit jouir du bonheur que vous lui avez mérité en la servant elle-même. Que ferai-je, ô mon Seigneur? que

ferai-je, ô mon Dieu? Oh! comme mes désirs
ont tardé à s'enflammer, et comme vous avez
commencé de bonne heure, ô Seigneur, à m'a-
mener à vous et à m'appeler, pour que je me
consacre à vous tout entière! Est-ce que par
hasard, ô Seigneur, vous abandonneriez le misérable, ou bien éloigneriez-vous le pauvre men-
diant, quand il veut se rapprocher de vous? Est-
ce que par hasard, ô Seigneur, il y aurait des
limites à vos grandeurs et à la magnificence de
vos œuvres? O mon Dieu et ma miséricorde,
comme il vous serait facile de manifester aujour-
d'hui en votre servante les trésors de votre
amour! Vous êtes tout-puissant, ô grand Dieu!
Montrez donc maintenant si mon âme se comprend bien, quand elle considère le temps qu'elle
a perdu, et affirme que vous pouvez en un instant, ô Seigneur, le lui faire regagner. Mais il
semble que je déraisonne, car le temps perdu ne
saurait, dit-on, se recouvrer.

Mais béni soit mon Dieu! O Seigneur, je confesse votre grand pouvoir. Si vous êtes tout-puissant, et vous l'êtes certainement, qu'y a-t-il d'impossible à celui qui peut tout? Veuillez donc, ô
mon Seigneur, veuillez donc. Toute misérable que
je suis, je crois fermement que vous pouvez tout
ce que vous voulez; et plus les merveilles que

j'entends dire de vous sont grandes, plus je considère que vous pouvez les surpasser encore, et par suite plus ma foi se fortifie, et plus je crois fermement que vous ferez ce que je demande. Et pourquoi m'étonnerai-je de ce que fait le Tout-Puissant? Vous le savez bien, ô mon Dieu, malgré toutes mes misères, je n'ai jamais cessé de reconnaître la grandeur de votre pouvoir et de votre miséricorde. En cela, je ne vous ai point offensé; ô Seigneur, que ce me soit un titre auprès de votre bonté! Réparez donc, ô mon Dieu, le temps que j'ai perdu, et pour cela donnez-moi votre grâce pour le présent et pour l'avenir, afin que je paraisse devant vous revêtue de la robe nuptiale. Si vous le voulez, vous le pouvez.

V

O mon Seigneur, comment ose-t-elle vous demander des faveurs, l'âme qui vous a si mal servi et qui a si mal gardé les trésors que vous lui aviez donnés? Comment pouvez-vous avoir confiance en elle, dès lors qu'elle vous a déjà souvent trahi? Que ferai-je donc, ô consolation des affligés, ô remède de ceux qui vous demandent la guérison? Serait-il mieux, par hasard, de taire

mes nécessités et d'attendre que vous y appor-
tiez un remède? Non certes, car vous, mon Seigneur et ma jubilation, sachant combien elles
devaient être nombreuses, et la consolation que
nous aurions à vous les exposer, vous nous avez
dit de demander, car vous ne manqueriez pas de
donner.

Je me rappelle parfois la plainte de cette sainte
femme, nommée Marthe. Elle ne se plaignait
pas seulement de sa sœur, mais je tiens pour
certain que sa plus grande peine venait de ce
que vous ne sembliez pas, Seigneur, vous préoccuper de la fatigue qu'elle prenait et que vous
n'étiez pas touché de la voir près de vous. Peut-
être s'est-elle imaginé que vous n'aviez pas autant d'amour pour elle que pour sa sœur; et
cela dut lui être plus sensible que de servir celui
qu'elle aimait tant, car l'amour fait considérer
le travail comme un repos. Cela semble résulter
de ce qu'elle ne dit rien à sa sœur. Toute sa
plainte s'adresse à vous, ô Seigneur; et vu l'a-
mour qu'elle vous porte, elle s'enhardit à vous
demander pourquoi vous ne vous préoccupiez
pas d'elle. Ce qui manifeste bien que sa plainte
venait de ce que je dis, c'est votre réponse, à
savoir que l'amour seul donne de la valeur à
toutes choses; et qu'il doit être assez fort pour

surmonter tout ce qui l'empêche de s'exercer;
c'est là la chose la plus nécessaire.

Mais comment, ô mon Dieu, pourrons-nous
avoir un amour digne du Bien-Aimé, si vous ne
l'unissez à celui que vous avez pour nous? Me
plaindrai-je donc comme cette sainte femme?
Non, certes! Je n'en ai nul motif; car j'ai toujours trouvé dans mon Dieu des marques d'a-
mour beaucoup plus grandes et plus marquées
que je n'aurais su demander ou désirer. Je n'ai
aucun sujet de me plaindre, à moins que ce ne
soit de l'excès de votre bonté à me souffrir. Mais
alors, que pourra donc vous demander une créa-
ture aussi vile que moi? Je vous dirai comme
saint Augustin : Donnez-moi, mon Dieu, de
quoi vous donner, afin que je paye quelque
chose de ma dette immense envers vous. Souvenez-vous que je suis l'œuvre de vos mains; mais
puissé-je bien connaître ce qu'est mon Créateur,
afin que je l'aime!


# VI


O Délices de mon âme! ô Seigneur de toutes
les créatures! ô mon Dieu! jusques à quand
dois-je attendre pour contempler votre présence?

Quel remède donnez-vous à celle qui en a si peu
sur la terre, pour trouver un peu de repos hors
de vous? O vie longue! ô vie pénible! ô vie où
l'on ne vit pas! Oh! que cette solitude est profonde! et comme elle est sans remède! Mais
quand donc, Seigneur? quand? jusqu'à quand?
que ferai-je, ô mon Bien, que dois-je faire? Faut-
il donc par hasard que je désire de ne plus vous
désirer?

O mon Dieu et mon Créateur, vous blessez et
vous ne nous donnez pas de remède! Vous blessez, et la blessure est invisible! Vous tuez, mais
en laissant plus de vie! Enfin, ô mon Seigneur,
vous faites ce que vous voulez, parce que vous
êtes tout-puissant. Et c'est à un ver de terre aussi
méprisable que moi, ô mon Dieu, que vous
faites éprouver des sentiments si contraires!
Qu'il en soit ainsi, ô mon Dieu, puisque vous le
voulez. Pour moi je n'ai d'autre volonté que de
vous aimer. Mais ahi! ahi! ô mon Créateur,
l'excès de la douleur m'arrache ces plaintes et
m'oblige à reconnaître qu'elle est sans remède,
jusqu'à ce qu'il vous plaise d'y mettre un terme.
Mon âme est dans une si étroite prison qu'elle
désire sa liberté : mais elle ne voudrait pas l'obtenir en s'éloignant tant soit peu de votre volonté.
Daignez donc vouloir, ô ma Gloire, que son tour-

ment grandisse encore, ou bien apportez-y un remède complet! O mort, ô mort, je ne sais comment on peut te redouter, puisque c'est en toi qu'est la vie! mais, d'un autre côté, comment ne pas la craindre, quand on a passé une partie de son existence à ne pas aimer son Dieu? Et puisque je suis dans ce cas, qu'est-ce que je demande? qu'est-ce que je désire? Serait-ce par hasard la punition si justement méritée de mes fautes? Oh! ne le permettez pas, vous, mon Bien; il vous en a tant coûté de me racheter! O mon âme, laisse donc s'accomplir en toi la volonté de ton Dieu; voilà ce qui te convient. Sers-le et espère en sa miséricorde. Il saura remédier à ta peine, lorsque, par la pénitence de tes fautes, tu auras quelque peu mérité d'en obtenir le pardon. Ne cherche donc point la jouissance, avant d'avoir souffert. O mon vrai Maître, ô mon Roi, je ne puis même rien pour cela, si je ne suis assistée de votre main souveraine et de votre grandeur. Mais avec cela, je pourrai tout!

VII

O mon espérance! ô mon Père! ô mon Créateur! ô mon vrai Maître! ô mon Frère! quand je

songe que vous avez dit que vos délices sont d'ê-
tre avec les enfants des hommes, mon âme est
dans la plus vive allégresse. O Seigneur du ciel
et de la terre, quelles paroles que celles-là pour
qu'aucun pécheur ne perde confiance! Mais, ô
Seigneur, n'auriez-vous pas, par hasard, où prendre vos délices, pour les chercher près d'un petit
ver de terre aussi rebutant que moi? quand
votre divin Fils reçut le baptême, vous avez fait
entendre cette parole, que vous mettiez en lui
vos complaisances. Mais, Seigneur, est-ce que
nous devons lui être tous égaux? O miséricorde
sans bornes! ô faveur si élevée au-dessus de nos
mérites! Comment, nous autres mortels, ou-
blions-nous tout cela? Vous, ô mon Dieu, souvenez-vous de l'extrême misère où nous sommes,
et jetez vos regards sur notre faiblesse, car vous
savez tout.

O mon âme, considère avec quelle joie et
quel amour le Père connaît son Fils, et le Fils
connaît son Père ; contemple avec quelle ardeur
le Saint-Esprit s'unit à eux, et comment aucune
de ces trois Personnes ne peut se départir de cet
amour ni de cette connaissance, parce qu'elles
ne sont toutes les trois qu'une seule et même chose. Ces trois Personnes souveraines se connaissent, elles s'aiment et elles sont les unes pour les

autres une source de délices. Quelle nécessité ont-elles donc de mon amour? Pourquoi le désirez-vous, ô mon Dieu? Quel intérêt vous en revient-il? Oh! soyez béni, soyez béni, vous, ô mon Dieu, à jamais! Que toutes les créatures célèbrent vos louanges, et que leurs louanges soient éternelles comme vous! Réjouis-toi, ô mon âme, de ce qu'il y ait quelqu'un qui aime Dieu comme il mérite de l'être. Réjouis-toi de ce qu'il y ait quelqu'un qui connaisse sa bonté et sa puissance. Fais monter vers lui tes actions de grâce, de ce qu'il nous a donné ici-bas quelqu'un qui le connaît aussi parfaitement que le connaît son Fils unique. Avec un tel soutien, tu pourras t'approcher de ton Dieu et lui présenter tes suppliques; et puisque sa Majesté prend en toi ses délices, que toutes les créatures d'ici-bas ne puissent jamais t'empêcher de mettre à ton tour tes délices et tes joies dans les grandeurs de ton Dieu, en voyant combien il mérite notre amour et nos louanges. Demande-lui de t'aider afin que tu puisses contribuer quelque peu à ce que son nom soit béni et que tu puisses dire avec vérité : *Mon âme chante les grandeurs et célèbre les louanges du Seigneur.*

## VIII

O Seigneur, ô mon Dieu! qu'il est bien vrai que vous possédez les paroles de vie, où tous les mortels trouveraient, s'ils voulaient l'y chercher, le bonheur auquel ils aspirent! Mais quoi d'étonnant, ô mon Dieu, que par suite de la folie et de l'infirmité que nous causent nos œuvres coupables, nous venions à oublier vos paroles? O mon Dieu, mon Dieu! ô Dieu Créateur de tout l'univers! qu'est-ce donc que tout le créé, si vous vouliez, ô Seigneur, créer encore? Vous êtes le Tout-Puissant et vos œuvres sont incompréhensibles. Faites donc, Seigneur, que ma pensée ne s'éloigne jamais de vos paroles.

Vous dites : *Venez à moi, vous tous qui souffrez et pliez sous le fardeau, et je vous consolerai.* Que désirons-nous de plus, Seigneur? Que demandons-nous? Que cherchons-nous? Pourquoi les esclaves du monde se perdent-ils, si ce n'est parce qu'ils sont à la recherche du repos? O grand Dieu, ô grand Dieu, qu'est-ce que cela signifie, Seigneur? Quelle pitié! quel profond aveuglement que de chercher le bonheur là où il est impossible de le trouver! O Créateur, ayez

compassion de vos créatures! Considérez que
nous ne nous comprenons pas nous-mêmes;
nous ne savons pas ce que nous désirons et nous
n'arrivons pas à trouver ce que nous demandons.
Donnez-nous, ô Seigneur, votre lumière. Considérez qu'elle nous est plus nécessaire encore
qu'à l'aveugle-né. Celui-ci désirait voir la lumière et il ne le pouvait pas; et maintenant, Seigneur, on ne veut pas voir. Est-il mal plus incurable que celui-là! C'est ici, mon Dieu, que doit
se montrer votre pouvoir, ici que vous devez
manifester votre miséricorde. Oh! quelle grâce
élevée je vous demande, ô vrai Dieu, ô mon
Dieu, quand je vous conjure d'aimer ceux qui
ne vous aiment pas, d'ouvrir à ceux qui ne vous
appellent pas, de rendre la santé à ceux qui
prennent plaisir à être malades et à rechercher
la maladie! Vous dites, ô mon Seigneur, que
vous êtes venu chercher les pécheurs. Eh bien,
les voilà, ô Seigneur, les véritables pécheurs!
Ne considérez pas, mon Dieu, notre aveuglement,
mais plutôt le sang que votre Fils a répandu
abondamment pour nous. Faites resplendir votre
miséricorde au milieu d'une si insigne malice,
N'oubliez point, Seigneur, que nous sommes
votre ouvrage. Répandez sur nous vos bontés et
vos miséricordes.

## IX

O Seigneur de mon âme! vous qui êtes la miséricorde et l'amour! vous avez dit encore : *Venez à moi, vous tous qui avez soif, et je vous donnerai à boire.* Mais comment ne souffriraient-ils pas une soif dévorante ceux que la convoitise des choses misérables d'ici-bas consume de ses flammes ardentes! Ah! quelle nécessité ils ont de votre eau, pour n'être point complètement consumés! Je le sais, ô mon Seigneur, votre bonté ne la leur refusera pas. Vous l'avez dit vous-même, et vos paroles ne peuvent manquer de se réaliser. Mais s'ils sont habitués à vivre dans ce feu, s'ils y ont été élevés et que, par suite, ils ne le sentent plus et ne peuvent, tant est grande leur folie, découvrir l'excès de leur infortune, quel remède y a-t-il pour eux, ô mon Dieu? Et cependant c'est pour remédier à de si grands maux que vous êtes venu en ce monde. Commencez donc, Seigneur! C'est dans les œuvres les plus difficiles que votre compassion doit se manifester.

Considérez, ô mon Dieu, que vos ennemis progressent tous les jours. Ayez pitié de ceux qui

n'ont pas pitié d'eux-mêmes; et puisque leur
infortune les a placés dans un tel état qu'ils ne
veulent pas aller à vous, allez vous-même à eux,
ô mon Dieu! je vous le demande en leur nom.
Et je le sais, dès qu'ils commenceront à se connaître, à rentrer en eux-mêmes et à vous goûter,
ces morts ressusciteront enfin.

O vie, qui donnez la vie à tous les hommes,
ne me refusez pas, à moi, cette eau si douce, que
vous promettez à ceux qui la désirent. Pour moi,
Seigneur, je la désire, je la demande, et je viens
à vous. Ne vous cachez pas de moi, Seigneur.
Vous connaissez ma nécessité, et vous savez que
cette eau est le vrai remède de l'âme que vous
avez blessée.

O Seigneur, que de feux différents il y a en
cette vie! et comme on a raison de se tenir dans
la crainte! les uns consument l'âme, les autres
la purifient afin qu'elle vive et jouisse éternellement de vous. O fontaines vivifiantes qui jaillis-
sez des plaies de mon Dieu, qui pourra dire
comme vous coulerez toujours en flots abondants
pour nous soutenir! Oh! comme elle triomphera
sûrement (1) des périls de cette triste exis-

(1) Ici recommence la copie de Grenade qui va jusqu'aux premieres lignes de l'*Exclamation* XIV, sauf de
légères interruptions.

tence, l'âme qui s'appliquera à se soutenir avec cette divine liqueur !


## X


O Dieu de mon âme, comme nous sommes prompts à vous offenser ! Mais comme vous l'êtes davantage à nous pardonner ! D'où nous vient donc, ô Seigneur, une si folle audace, si ce n'est de ce que, voyant l'étendue de votre grande miséricorde, nous oublions l'équité de votre justice ? *Les douleurs de la mort m'ont environné,* dites-vous. Oh ! Oh ! Oh ! que le péché est un grand mal, puisqu'il a pu donner la mort à un Dieu au milieu des plus poignantes douleurs ! Et comme ces douleurs vous environnent encore aujourd'hui, ô mon Dieu ! Où pouvez-vous aller, que vous ne soyez tourmenté ? De toutes parts les mortels vous font des blessures.

O chrétiens, il est temps de défendre votre Roi et de lui tenir compagnie dans l'isolement profond où il se trouve. Ils sont rares les vassaux qui lui restent fidèles ! c'est le grand nombre qui marche à la suite de Lucifer. Le pire, c'est qu'il y en a qui en public se montrent ses amis et qui en secret le vendent. Il ne trouve presque plus personne à qui il puisse se fier. O ami véritable, qu'il vous paye mal celui qui vous trahit! O véritables chrétiens. venez donc pleurer en compagnie de votre Dieu! ce n'est pas seulement sur Lazare qu'il a répandu des larmes pleines de compassion, mais sur ceux qui, malgré les cris répétés de sa Majesté, devaient ne pas vouloir ressusciter.

O mon Bien, comme vous aviez présentes les fautes que j'ai commises contre vous! Qu'elles ne se renouvellent jamais, ô Seigneur, qu'elles ne se renouvellent jamais, ni celles de tous les pécheurs! Ressuscitez ces morts; que vos cris, Seigneur, soient si puissants que vous leur donniez la vie, bien qu'ils ne vous la demandent pas, afin qu'ensuite, ô mon Dieu, ils sortent de l'abîme de leurs fausses délices. Lazare ne vous demande pas de le ressusciter; et cependant vous lui avez rendu la vie à la prière d'une femme pécheresse. Or en voici une à vos pieds, ô mon Dieu, et bien plus coupable encore. Daignez donc faire resplendir votre miséricorde. Malgré ma misère, je vous le demande pour les âmes qui ne veulent pas vous le demander. Vous voyez bien, ô mon Roi, quel tourment j'endure quand je vois les pécheurs songer si peu aux supplices affreux qu'ils endureront toute une éternité, s'ils ne reviennent à vous.

O vous qui êtes habitués à vivre dans les délices, les joies et les plaisirs, et à faire toujours votre volonté propre, ayez donc pitié de vous-mêmes. N'oubliez donc pas que vous devez être condamnés pour toujours, toujours, pour une éternité, aux furies infernales. Considérez, considérez que celui qui vous supplie maintenant est le juge même qui doit vous condamner, et que vous n'avez pas un seul instant de vie assuré. Pourquoi ne voulez-vous pas vivre toute l'éternité? O dureté des cœurs humains! Que votre immense miséricorde, ô mon Dieu, les attendrisse!

## XI

O mon Dieu, ô mon Dieu! quel terrible tourment est le mien, quand je considère ce qu'éprouvera une âme qui a toujours été ici-bas honorée, aimée, servie, estimée, fêtée, et qui, aussitôt après la mort, se voit perdue pour toujours et comprend clairement que ses supplices seront sans fin! Il ne lui servira de rien alors de vouloir, comme sur la terre, détourner sa pensée des vérités de la foi. Elle se verra à jamais séparée de ces plaisirs qu'il lui semblait n'avoir pas même commencé à goûter. Et en effet, tout ce qui passe avec la vie n'est qu'un souffle. Elle se trouvera entourée d'une société hideuse et sans pitié, avec laquelle elle devra souffrir éternellement. Elle sera jetée dans ce lac infect, rempli de serpents qui rivaliseront pour lui faire les plus cruelles morsures. Enfin elle tombera dans cette affreuse obscurité où elle ne découvrira que ce qui peut lui donner des tourments et de la peine; sans autre lumière, que celle d'une flamme ténébreuse. Oh! comme tout cela est loin encore de la réalité!

O Seigneur, qui donc a tant aveuglé cette âme, pour qu'elle n'ait connu ces vérités qu'au moment où elle s'est vue perdue à jamais? O Seigneur, qui donc lui a fermé les oreilles pour l'empêcher d'entendre ce qu'on lui disait si souvent sur l'enfer et l'éternité des supplices qu'on y endure! O existence qui n'aura jamais de terme! O tourments sans fin! ô tourments sans fin! Comment ne vous redoutent-ils pas ceux qui, pour ne point fatiguer leur corps, craignent de dormir sur un lit un peu dur!

O Seigneur, mon Dieu! je pleure le temps que je n'ai pas compris cette vérité. Mais puisque vous savez, ô mon Dieu, quel chagrin j'éprouve quand je vois tant d'insensés qui ne veulent pas la comprendre, je vous conjure en ce moment, ô Seigneur, d'éclairer de votre lumière au moins une âme, oui, au moins une qui serait capable d'en éclairer beaucoup d'autres. Je ne vous le demande pas en mon nom, Seigneur; je ne le mérite pas; mais je vous le demande par les mérites de votre Fils. Voyez ses plaies, Seigneur. Il a pardonné à ceux mêmes qui les lui ont faites; pardonnez-nous, vous aussi.

## XII

O mon Dieu et ma vraie force, qu'est ceci, Seigneur? Nous sommes lâches pour tout, excepté pour nous tourner contre vous! Voilà à quoi servent toutes les forces des enfants d'Adam. Et si leur raison n'était plongée dans le plus profond aveuglement, ils comprendraient que les forces réunies de tous les hommes ne sont rien pour oser prendre les armes contre le Créateur et faire sans cesse la guerre à celui qui peut en un instant les précipiter au fond des abîmes. Mais, leur raison étant aveuglée, ils agissent comme des insensés, et cherchent la mort, parce qu'ils s'imaginent y trouver la vie ; enfin ils se conduisent comme des gens sans raison. Que pouvons-nous faire, mon Dieu, pour ceux qui sont malades d'une telle folie? On dit que la folie donne beaucoup de forces ; c'est bien là ce qui a lieu pour ceux qui se séparent de vous, ô Dieu ; malades comme ils sont, ils tournent toute leur furie contre vous, qui les comblez le plus de biens.

O sagesse que nous ne saurions comprendre! Comme il vous fallait bien tout l'amour que vous portez à vos créatures pour supporter tant de démence, attendre notre guérison et même travailler à nous la procurer par toutes sortes de moyens et de remèdes! Voici une chose étrange à mes yeux ; nous manquons de courage pour surmonter les obstacles les plus simples et nous nous persuadons véritablement à nous-mêmes que, malgré notre bonne volonté, nous ne pouvons pas soit quitter une occasion de vous offenser, soit nous éloigner d'un danger où notre âme court à sa perte, quand d'un autre côté nous avons des forces et du courage pour nous élever contre une Majesté aussi redoutable que la vôtre! Qu'est ceci, ô mon Bien? qu'est ceci? Qui donc donne ces forces? Est-ce que par hasard le chef

à la suite duquel marchent les pécheurs, dans ce
combat qu'ils vous livrent, n'est pas votre esclave?
n'est-il pas rivé aux feux éternels? Mais pourquoi
se lève-t-il contre vous? Comment un vaincu
peut-il donner du courage? Comment suit-on un
miséreux que l'on a dépouillé des richesses éternelles? Que peut donner celui qui n'a rien pour
lui-même, sinon l'infortune suprême? Qu'est
ceci, mon Dieu? qu'est ceci, mon Créateur?
D'où vient qu'on a tant de hardiesse contre vous
et tant de lâcheté en face du démon? Alors
même, ô mon souverain Maître, que vous n'ac-
corderiez pas de faveurs aux vôtres et que nous
aurions quelque obligation à ce prince des ténèbres, une telle conduite serait encore insensée;
car, vous nous réservez pour l'éternité des biens
infinis, tandis que lui, après nous avoir montré
ses faux plaisirs, ne nous fait que des promesses
trompeuses pour nous trahir. Quel bien d'ailleurs
peut-il nous procurer, celui qui a été traître
envers vous?

Quel aveuglement profond, ô mon Dieu! quelle
ingratitude immense, ô mon Roi! Oh! quelle
incurable folie! Nous servons le démon avec vos
propres dons, ô mon Dieu! nous vous payons
de votre amour infini pour nous, en aimant celui
qui vous hait et doit vous haïr toute l'éternité!

Je considère le sang que vous avez répandu pour nous, la cruelle flagellation que vous avez subie, les immenses douleurs que vous avez souffertes, et les tourments inouïs que vous avez endurés ; et, au lieu de venger votre Père Éternel des outrages dont on vous a accablé, vous son divin Fils (car pour vous, vous ne voulez point de vengeance et vous pardonnez tout), voilà que nous prenons pour compagnons et pour amis ceux qui vous ont ainsi traité, puisque nous suivons leur infernal capitaine. Il est donc clair que nous devons être ensemble et que nous serons éternellement dans sa compagnie, si vous ne venez dans votre miséricorde nous guérir, en nous faisant rentrer en nous-mêmes et en nous pardonnant le passé.

O mortels, revenez, revenez à vous. Jetez les yeux sur votre Roi. En ce moment, vous le trouverez plein de mansuétude. Mais cessez pour toujours de montrer tant de malice. Tournez votre fureur et vos forces contre celui qui vous fait la guerre et veut vous enlever votre majorat. Rentrez, rentrez en vous-mêmes. Ouvrez les yeux ! Poussez de grands cris et répandez d'abondantes larmes pour demander la lumière à Celui qui la donna au monde. Comprenez-vous vous-mêmes pour l'amour de Dieu ; car vous vous servez de toutes vos forces pour donner de nouveau la mort à celui qui, pour vous donner la vie, a sacrifié la sienne. Considérez que c'est lui qui vous défend de vos ennemis. Si tout cela ne suffit pas pour vous retenir, sachez que vous ne pouvez rien contre son pouvoir et que tôt ou tard vous devez expier dans un feu éternel cet excès d'audace et de hardiesse. Mais pourquoi agissez-vous ainsi? Est-ce parce que vous voyez sa Majesté enchaînée et liée par son amour pour nous? Et que faisaient de plus ceux qui ont donné la mort au Sauveur? Après l'avoir lié, ne l'ont-ils pas accablé de coups et de blessures? O mon Dieu, comme vous souffrez pour ceux qui sont si peu touchés de vos angoisses! Mais il viendra un temps, ô Seigneur, où votre justice devra se manifester et montrer si elle est égale à votre miséricorde. Voyez, chrétiens, et considérez attentivement cette vérité, jamais nous ne pourrons arriver à comprendre tous les bienfaits dont nous sommes redevables au Seigneur, notre Dieu, ni les magnificences de ses miséricordes. Mais si sa justice est aussi grande que son amour, hélas! hélas! qu'adviendra-t-il de ceux qui auront mérité qu'elle s'exécute et resplendisse en eux!

## XIII

O âmes, qui jouissez sans crainte de votre
bonheur et qui vivez toujours plongées dans les
louanges de mon Dieu, que votre sort est
heureux! Que vous avez raison de ne point dis-
continuer ces louanges! quelle envie vous porte
mon âme! Vous êtes désormais affranchies de la
douleur que me causent dans ces temps malheu-
reux les offenses si graves faites à mon Dieu, les
ingratitudes si noires dont on paye son amour, et
cet aveuglement qui ne veut pas voir quelle multitude d'âmes Satan entraîne à sa suite! O bienheureuses âmes du ciel, venez au secours de
notre misère, intercédez pour nous auprès de la
divine miséricorde, afin qu'elle nous donne quelque part à votre félicité et à la claire connaissance dont vous jouissez. Donnez-nous, vous-
même, ô mon Dieu, de comprendre quelle
récompense vous réservez à ceux qui luttent avec
virilité durant le rêve de cette triste vie. Obtenez-
nous, ô âmes aimantes, de comprendre le
bonheur dont vous êtes inondées, en voyant que
votre félicité sera éternelle, et les délices dont
vous êtes enivrées par la certitude qu'un tel bon-

heur n'aura jamais de fin. O infortunés que nous
sommes, ô mon Seigneur! Toutes ces vérités,
nous les connaissons, nous les croyons; mais
nous sommes si habitués à en détourner les yeux
et par suite elles sont devenues si étrangères à
nos âmes, que nous ne les connaissons plus et
que nous ne voulons point les connaître.

O mortels intéressés, qui recherchez vos
goûts et vos plaisirs! vous ne voulez pas attendre
un peu de temps pour jouir d'une félicité infinie,
vous ne voulez pas attendre un an, vous ne voulez pas attendre un jour, une heure, peut-être
même ne s'agit-il que d'un instant, et vous perdez tout, parce que vous avez recherché ces misérables plaisirs que vous avez sous les yeux. Oh!
Oh! Oh! que nous avons peu de confiance en
vous, Seigneur! Mais vous, ne nous avez-vous
pas confié les plus grandes richesses et les plus
précieux trésors? Vous nous avez confié en effet
les trente-trois années de souffrances indicibles
endurées par votre divin Fils; vous nous avez
confié en outre sa mort si cruelle et si touchante!
vous nous l'avez donné lui-même. Vous nous
avez fait ce don tant d'années avant notre naissance! Vous saviez cependant que nous ne vous
payerions pas de retour. Mais vous n'avez pas
voulu omettre de nous confier un trésor si ines-

timable, pour qu'il ne dépendît pas de vous que nous puissions, en gagnant avec lui, gagner aussi avec vous, ô Père plein de miséricorde.

O âmes bienheureuses, qui avez su si bien profiter de ce trésor précieux et acheter un héritage de délices éternelles, dites-nous comment vous vous en êtes servi pour acquérir le Bien si durable! Daignez nous aider; puisque vous êtes si près de la source, daignez y puiser de l'eau pour nous qui mourons de soif ici-bas.

## XIV

O Seigneur! ô mon vrai Dieu! celui qui ne vous connaît pas ne vous aime pas. Ah! quelle grande vérité que celle-là! Mais, quelle infortune (1), quelle infortune, Seigneur, pour ceux qui ne veulent pas vous connaître! Quelle heure redoutable que celle de la mort! Hélas! hélas! mon Créateur, qu'il sera terrible le jour où devra s'exécuter votre justice! Je songe souvent, ô mon Christ, quels yeux pleins de douceur et de délices vous montrez à celui qui vous aime et

(1) Ici se termine la copie de Grenade.

que vous voulez, ô mon Bien, regarder avec
amour. Un seul de ces regards si suaves que
vous daignez jeter sur les âmes, que vous considérez comme vôtres, suffit, ce me semble, pour
les récompenser de longues années de service.
O Dieu, daignez m'assister! Qu'il est difficile de
faire comprendre cette vérité, si ce n'est à ceux
qui savent déjà combien le Seigneur est doux!
O chrétiens! chrétiens, considérez que vous êtes
les frères de ce grand Dieu. Connaissez-le. Ne le
méprisez pas. Car si son regard est doux pour
ceux qui l'aiment, il est terrible et plein d'une
épouvantable fureur pour ceux qui le persécu-
tent. Oh! comme nous comprenons mal que
le péché est une guerre ouverte, une guerre
de tous nos sens et de toutes les puissances de
notre âme contre Dieu! Celui qui est le plus
puissant est celui qui ourdit les plus noires
trahisons contre son souverain Roi.

Vous savez bien, ô mon Seigneur, que souvent
la seule pensée de voir votre divin visage cour-
roucé contre moi en ce terrible jour du jugement
dernier me donnait plus de frayeur que celle de
toutes les peines et de toutes les furies infernales
qui pouvaient m'être représentées. Je vous sup-
pliais de daigner, dans votre miséricorde, me
préserver d'une infortune si affreuse, et je vous

en supplie encore maintenant, ô Seigneur. Quel malheur peut-il m'arriver sur la terre qui soit comparable à celui-là? Tous les maux d'ici-bas, je les accepte, ô mon Dieu, mais préservez-moi de l'éternel désespoir. Ah! que je n'abandonne pas mon Dieu, et que je ne cesse jamais de jouir en paix de sa beauté infinie! Votre Père vous a donné à nous. Que je ne perde pas, ô mon Seigneur, un joyau si précieux! J'avoue, ô Père éternel, que je l'ai mal gardé. Mais il y a encore un remède, oui, Seigneur, il y a un remède, tant que nous sommes dans cet exil.

O mes frères, ô mes frères, vous qui êtes les enfants de ce Dieu, confiance, confiance! Sa Majesté a dit, vous le savez, que si nous nous repentons des offenses que nous lui avons causées, Elle ne se souviendra plus de nos fautes et de nos malices. O miséricorde vraiment sans mesure! que peut-on désirer de plus? se trouverait-il quelqu'un par hasard qui pût sans honte en demander autant? C'est maintenant le moment favorable pour recevoir ce que nous donne ce Seigneur compatissant, notre Dieu. Il veut notre amitié! qui donc la refusera à celui qui n'a pas hésité à répandre tout son sang et à sacrifier sa vie pour nous? Considérez donc que ce qu'il nous demande n'est rien, et que notre inté-

rêt est de déférer à son désir. O grand Dieu! O
Seigneur! Quelle dureté de cœur! quelle folie!
quel aveuglement! Vient-on à perdre un objet
quelconque, une aiguille par exemple, ou un
épervier qui ne saurait que donner la légère
satisfaction de le voir planer dans les airs, on
est dans la peine. Et nous n'en avons pas de perdre cet aigle puissant qui est le Dieu souverain.
ni son royaume dont la félicité sera sans fin!
Qu'est-ce que cela? Qu'est-ce que cela? Pour
moi, je ne le comprends pas. Daignez, ô mon
Dieu, apporter un remède à tant de démence et
d'aveuglement.

## XV

Hélas! Hélas! Seigneur, qu'il est long cet exil!
et comme ils sont cruels les tourments que cause
la soif de mon Dieu! O Seigneur, que peut faire
une âme captive dans cette prison! O Jésus,
qu'elle est longue la vie de l'homme! et cependant on dit qu'elle est courte. Sans doute, elle
est courte, ô mon Dieu, puisqu'il s'agit de gagner avec elle une vie sans fin; mais elle est très
longue pour l'âme qui aspire à voir son Dieu.
Quel remède donnez-vous à cette souffrance? Il

n'y en a point d'autre que de l'endurer par
amour pour vous. Oh! qu'il m'est suave ce repos
des amants de mon Dieu! Ne manquez pas à qui
vous aime, puisque c'est par vous que doit grandir et s'apaiser le tourment que le Bien-Aimé
cause à l'âme qui soupire vers Lui. Mon désir,
Seigneur, est de vous contenter; mais mon contentement, je le sais bien, ne se trouve dans
aucun des mortels; aussi vous ne blâmerez pas
mon désir. Me voici à vos pieds, Seigneur. S'il
est nécessaire que je vive pour vous rendre quelque gloire, je ne refuse aucun des travaux d'ici-
bas, comme le disait votre ami saint Martin.
Mais, hélas! hélas! quel n'est pas mon chagrin
ô mon Seigneur! Il avait des œuvres, et moi, je
n'ai que des paroles. Voilà tout ce que je puis.
Que mes désirs du moins, ô mon Dieu, aient
quelque valeur en votre adorable présence, et ne
considérez pas mon peu de mérite. Que tous
nous méritions de vous aimer, Seigneur; mais
puisque nous devons vivre, que nous vivions
pour vous et qu'il n'y ait plus en nous de désirs
et d'intérêts personnels! quel plus précieux trésor peut-on se procurer, que celui de vous contenter! O vous qui êtes ma joie, ô mon Dieu,
que ferai-je pour vous plaire? Bien pauvres sont
mes services, alors même que je vous en rendrais

de nombreux, ô mon Dieu. Mais pourquoi donc resterais-je dans ce triste exil? Pour accomplir la volonté du Seigneur. Quel plus grand profit, ô mon âme! Espère, espère, car tu ne sais ni le jour, ni l'heure, veille donc avec sollicitude; tout passe rapidement, bien que ton désir rende douteux ce qui est certain et long un temps qui est court. Considère que plus tu combattras, plus tu donneras de preuves d'amour à ton Dieu et plus ensuite tu jouiras de ton Bien-Aimé dans un bonheur et une félicité sans fin.

## XVI

O vrai Dieu! ô mon Seigneur! C'est une vive consolation pour l'âme qui souffre de la solitude où la laisse votre absence de considérer que vous êtes en tous lieux. Mais quand la violence de l'amour et l'impétuosité excessive de ce tourment viennent à grandir, de quoi lui sert une telle pensée, ô mon Dieu? L'entendement se trouble, la raison se dérobe devant cette vérité, de telle sorte qu'elle ne peut ni la comprendre ni l'approfondir. Elle sait seulement qu'elle est loin de vous et elle ne veut aucun remède; car le cœur

embrasé de votre amour ne reçoit ni conseil ni
consolation si ce n'est de celui-là même qui l'a
blessé, et il attend de lui seul le remède à son
mal. Quand vous le voulez, Seigneur, vous guérissez aussitôt la blessure que vous avez faite.
Jusqu'alors, il n'y a pas à attendre de guérison
ni même de joie si ce n'est celle qui découle
d'une souffrance si bien employée.

O véritable Amant, avec quelle miséricorde,
quelle suavité, quelles délices, quelle félicité et
quelles marques d'Amour vous guérissez les
plaies que les flèches mêmes de votre amour
ont faites! O mon Dieu, ô repos de toutes les
peines, que je suis insensée! Peut-il d'ailleurs y
avoir des remèdes humains pour guérir ceux
qui sont malades du feu divin! Qui sait jusqu'où
va la profondeur de cette blessure? d'où vient-
elle? Comment peut-on soulager un tourment
tout à la fois si pénible et si plein de délices?
Comment d'ailleurs un mal de ce prix pourrait-il être apaisé par des moyens aussi vils que
ceux qui sont d'invention humaine?

Comme elle a raison de dire l'Épouse des *Cantiques : Mon Bien-Aimé est à moi, et moi je suis à
lui!* Elle s'écrie : *Mon Bien-Aimé est à moi!* car
un tel amour ne saurait commencer par une
chose aussi basse que le mien. Mais dès lors que

mon amour est si bas, ô mon Époux, comment ne peut-il s'arrêter à rien de créé et monte-t-il jusqu'à son Créateur? O mon Dieu, pourquoi suis-je à mon Bien-Aimé? C'est Vous, mon véritable Amant, qui commencez cette guerre d'amour. Elle semble n'être autre chose qu'un trouble, un délaissement de toutes les puissances, ainsi que des sens qui s'en vont par les places publiques et les faubourgs, demandant aux filles de Jérusalem de leur donner des nouvelles de leur Dieu. Or cette guerre une fois commencée, qui iront-elles combattre. ô Seigneur? Ce sera celui qui s'est rendu maître de la forteresse où elles habitaient, c'est-à-dire de la partie supérieure de l'âme. Il s'y est installé à leur place, pour qu'elles conquièrent leur conquérant lui-même. Dès qu'elles sont fatiguées de se voir sans lui, elles se hâtent de s'avouer vaincues. Qu'elles luttent donc jusqu'à l'épuisement de toutes leurs forces, qu'elles combattent mieux et que, reconnaissant enfin leur défaite, elles triomphent de leur vainqueur. O mon âme, quel admirable combat tu as soutenu, quand tu étais dans ce tourment! comme le récit que tu en as fait est exact! Oui, mon Bien-Aimé est à moi, et moi je suis à mon Bien-Aimé! Qui donc oserait entreprendre de séparer ou d'éteindre deux feux si embrasés? Ce serait travailler en vain, parce que désormais ces deux feux n'en font plus qu'un.


## XVII


O mon Dieu! ô ma Sagesse infinie! O vous qui êtes sans limites et sans bornes, au-dessus de toutes les intelligences angéliques et humaines! O amour, qui m'aimez plus que je ne puis m'aimer et que je ne saurais comprendre!

Pourquoi, Seigneur, désirerais-je plus que vous ne voudriez me donner? Pourquoi me fatiguerais-je à vous demander une chose conforme à mes vues? Vous savez déjà où doit aboutir tout ce que mon entendement peut concevoir et mon cœur souhaiter; et moi j'ignore comment cela peut m'être utile. Là où mon âme croit trouver un gain, elle trouvera peut-être une perte. Si je vous supplie de me délivrer d'une peine dont le but est d'établir en moi une mortification complète, qu'est-ce que je vous demande, ô mon Dieu? Si je vous supplie de m'envoyer cette peine, peut-être cela ne convient pas à ma patience trop faible encore et incapable de supporter une si lourde épreuve. Supposé que je la sup-

porte, mais que mon humilité ne soit pas assez
profonde, je m'imaginerais peut-être avoir fait
quelque chose, quand c'est vous, ô mon Dieu,
qui faites tout. Si je recherche de nouvelles souffrances, je ne voudrais pas que ce fût en des
choses où il semble que la perte de ma réputation ne convient pas à votre gloire. et en cela je
ne croirais pas obéir à un sentiment d'honneur;
mais peut-être que là même où je crois voir une
perte, il y aura un gain pour votre gloire même,
et c'est en définitive ce que je désire.

Je pourrais, Seigneur. ajouter beaucoup d'autres réflexions sur ce point. pour me donner à
entendre que je ne me comprends pas moi-
même. Mais comme je sais que vous les connaissez, pourquoi parler encore? C'est, ô mon Dieu,
afin qu'aux heures où je sens davantage ma misère, et où ma raison se voile, je puisse retrouver
ma raison ici même, dans cet écrit de ma main.
Bien souvent, ô mon Dieu, je me vois si misérable, si faible et si pusillanime, que je cherche ce
qu'est devenue votre servante, elle qui s'imagi-
nait déjà avoir reçu de vous assez de grâces pour
tenir tête à tous les assauts du monde. Non,
mon Dieu, non, je ne mettrai plus la moindre
confiance dans une chose que je pourrais désirer
pour moi. Daignez vouloir vous-même pour

moi, comme bon vous semblera ; voilà ce que
je veux, dès lors que tout mon bien consiste à
vous contenter. Et si vous, ô mon Dieu. vous
vouliez me contenter en accomplissant tout ce
que je vous demande, je vois que je serais perdue.

Quelle est misérable la sagesse des mortels et
combien incertaine leur prévoyance! Disposez
Vous-même dans votre providence les moyens
qui sont nécessaires pour que mon âme travaille
à votre gloire comme vous le voulez, et non
comme je le veux. Ne me châtiez pas en accomplissant ma volonté et mes désirs, si votre amour
ne l'approuve pas, et que cet amour vive toujours
en moi. Qu'il meure donc enfin, ce moi, et
qu'un autre qui est plus puissant que moi et
meilleur pour moi que moi-même, vive en moi,
afin que je puisse le servir! Que celui-là vive et
me donne la vie! Qu'il règne et que je sois sa
captive! Mon âme n'ambitionne aucune autre
liberté. Comment en effet serait-il libre celui
qui est étranger au souverain Maître? Quel esclavage plus grand et plus affreux pour une âme
que de n'être plus dans la dépendance de son
Créateur! Heureux ceux qui, liés et enchaînés
fortement par les bienfaits de la miséricorde
divine, se voient captifs et impuissants à recou-

vrer leur indépendance! *L'amour est fort comme la mort et dur comme l'enfer.*

Heureux celui qui recevrait de ses mains le coup de mort et serait précipité dans ce divin enfer, d'où il n'aurait plus l'espoir de sortir, et pour mieux dire, d'où il ne craindrait plus d'être rejeté! Mais hélas! Seigneur, tant que nous jouissons de cette vie mortelle, nous sommes toujours en danger de perdre la vie éternelle. O vie ennemie de mon Bien, que ne m'est-il permis d'en finir avec toi! Je te supporte, parce que Dieu te supporte. J'ai soin de toi, parce que tu lui appartiens. Ne me trahis pas, ne sois pas ingrate envers moi. Mais hélas! Seigneur, que mon exil est long! Je le sais, tout ce temps passé sur la terre est court pour gagner votre éternité! mais qu'un seul jour, une seule heure semblent durer à une âme qui ignore si elle ne vous offensera pas encore et qui le redoute! O libre arbitre, comme tu es esclave de ta liberté, si tu ne veux pas vivre enchaîné par la crainte et l'amour de celui qui t'a créé! Quand donc arrivera-t-il cet heureux jour où tu te verras abîmé dans cette mer infinie de la souveraine vérité? Là tu ne seras plus libre de pécher, et tu ne le voudras plus, parce que tu seras à l'abri de toutes les misères d'ici-bas et naturalisé avec la vie de ton

Dieu. Lui, il est bienheureux, parce qu'il se connaît, s'aime et jouit de lui-même, sans qu'il puisse faire autre chose. Il n'a pas, il ne peut avoir, ce serait même une imperfection qu'il pût avoir la liberté de s'oublier lui-même et de cesser de s'aimer. O mon âme, tu entreras donc dans ton repos, quand tu t'abîmeras dans ce souverain Bien, que tu connaîtras ce qu'il connaît, que tu aimeras ce qu'il aime et que tu jouiras de sa félicité. Alors ta volonté ne sera plus changeante; alors, alors, il n'y aura plus de changement; car la grâce de Dieu aura été tellement forte qu'elle te rendra participante de la nature divine à une très haute perfection; tu ne pourras plus alors et ne désireras plus pouvoir oublier le Souverain Bien, ni cesser de jouir de lui et de son amour.

Bienheureux ceux dont le nom est écrit dans le livre de cette vie divine! Mais toi, ô mon âme, si le tien s'y trouve, pourquoi es-tu triste, pourquoi me troubles-tu? Espère en Dieu. Maintenant encore, je veux lui confesser mes péchés et proclamer ses miséricordes. Par là, je lui composerai un cantique de louanges et je ne cesserai jamais de faire monter mes soupirs vers mon Sauveur et mon Dieu. Il viendra peut-être le jour où ma gloire le chantera, sans que ma conscience ressente les douleurs de la componction dans ce séjour où toutes les larmes et toutes les craintes auront cessé pour jamais. Jusqu'alors c'est dans l'espérance et dans le silence que sera ma force. Aussi j'aime mieux vivre et mourir en recherchant et en espérant la vie éternelle que de posséder toutes les créatures et leurs biens périssables. Ne m'abandonnez pas, Seigneur, car j'espère en vous; que mon espérance ne soit pas confondue! que je vous serve toujours, et disposez de moi comme il vous plaira!

# AVIS
# ET PENSÉES DIVERSES

# INTRODUCTION

Les *Avis* que nous publions passent pour avoir été composés par la Sainte. Ils furent publiés la première fois en 1583, à Évora, par don Teutonio de Bragance. La Sainte lui avait envoyé un exemplaire de son *Chemin de la Perfection*, d'après la copie dite de Tolède (1) pour l'imprimer, en même temps qu'une *Vie de saint Albert*, mais elle ne lui parle nullement de ces *Avis*, dans la lettre du 22 juillet 1579 qu'elle lui écrit. Par ailleurs, nous n'en avons aucun autographe. Ceux qui sont considérés comme tels et qui se trouvent au monastère des Carmélites de Sainte-Anne, à Madrid, chez les Dominicains de Madrid, chez les carmélites de Santo Stefano Rotondo, à Rome, ou chez les Clarisses de Marchena (province de Séville), sont fabriqués avec des lettres découpées dans les écrits de la Sainte. Nous possédons, il est vrai, une copie des *Avis* de la Sainte qui fut faite en 1598 par le P. Diégo de St-Joseph, C. D. Mais elle est conforme aux éditions d'Évora 1583 et de Salamanque 1585, sauf de légères variantes. Le P. André de l'Incarnation en a fait en 1759 une copie authentique qui se trouve au manuscrit 1400 de la Bibliothèque Nationale de Madrid (2).

(1) Cf. t. IV, *Introduction*.
(2) La copie du P. Diégo en a cependant deux de moins. — La copie du P. André, un de moins. P. Silv., t. VI.

Le P. Gratien, dans ses *Dialogos* sur sainte Thé-rèse (1), nous dit : *No sé si los compuso ella o se los dieron los padres que la confesaban* : Je ne sais si elle les composa elle-même, ou si elle les reçut des Pères qui la confessaient. Cependant il les avait examinés à Séville et les avait même choisis entre beaucoup d'autres en compagnie du P. Alphonse des Anges, qui était sous-prieur du couvent (3). En tout cas, lors·qu'il publia ses *Avis*, en 1585, à Salamanque, il mit en tête du livre : *Avisos de la Madre Teresa de Jesus para sus monjas* : *Avis* de la Mère Thérèse de Jésus à ses filles. Faute de plus amples documents, nous nous conformons purement et simplement à son édition de 1585.

(1) Éd. de Burgos 1913, Dial. 7, p. 155.
(2) *Historia del Carmen Descalzo*, par le P. Jérôme de St-Joseph, t. I, l. V, c. 12.
(3) *Informations de Salamanque* 1591.

# AVIS

---

1. — La terre, si fertile qu'elle soit, ne produit que des ronces et des épines, quand elle n'est pas travaillée. Ainsi en est-il de l'esprit de l'homme.

2. — Parlez avantageusement de toutes les personnes spirituelles, comme les religieux, les prêtres et les ermites.

3. — Quand vous serez avec beaucoup de personnes, parlez toujours peu.

4. — Gardez la modestie dans toutes vos actions et dans vos rapports avec le prochain.

5. — Ne contestez jamais beaucoup, surtout quand il s'agit de choses de peu d'importance.

6. — Parlez à tout le monde avec une joie modérée.

7. — Ne vous moquez d'aucune chose.

8. — Ne reprenez jamais personne qu'avec discrétion, humilité et confusion sincère de vous-même.

9. — Accommodez-vous à l'humeur des personnes avec qui vous êtes ; soyez joyeuses avec

celles qui sont joyeuses, et tristes avec celles qui sont tristes : enfin, faites-vous tout à tous, pour les gagner tous.

10. — Ne parlez jamais sans avoir bien réfléchi à ce que vous allez dire et l'avoir beaucoup recommandé à Notre-Seigneur, pour ne rien dire qui puisse l'offenser.

11. — Ne vous excusez jamais, s'il n'y a pas un motif très sérieux de le faire.

12. — Ne dites jamais rien de vous-mêmes qui puisse vous attirer des louanges : comme de votre savoir, de vos vertus, de votre naissance, si vous n'avez pas l'espoir que cela sera utile; mais encore devez-vous le faire avec humilité et considérer que ce sont là des dons qui viennent de la main de Dieu.

13. — N'exagérez jamais les choses, mais que votre sentiment soit exposé avec modération.

14. — Dans tous vos discours et conversations mêlez toujours quélques mots de spiritualité; par là vous éviterez les paroles inutiles et les médisances.

15. — N'affirmez jamais une chose avant de la savoir.

16. — Ne vous mêlez pas de donner votre avis en toutes choses. Faites-le seulement quand on vous le demande ou que la charité l'exige.

17. — Si quelqu'un parle de choses d e spiritualité, écoutez-le avec humilité, comme si vous
étiez son disciple, et prenez pour vous ce qu'il
dira de bon.

18. — Découvrez à votre supérieur et à votre
confesseur toutes vos tentations, imperfections
et répugnances, afin de recevoir un conseil et un
remède pour les surmonter.

19. — Ne demeurez point en dehors de la cellule et n'en sortez point sans motif. Quand vous
en sortez, demandez à Dieu son secours pour ne
le point offenser.

20. — Ne mangez et ne buvez qu'aux heures
ordinaires ; et alors rendez à Dieu les plus vives
actions de grâces.

21. — Accomplissez toutes vos actions comme
si vous voyiez réellement la divine Majesté présente ; par ce moyen l'âme fait de grands progrès.

22. — N'écoutez jamais le mal qu'on dit du
prochain, et n'en dites point si ce n'est de vous-
mêmes ; et quand vous vous réjouirez d'agir ainsi,
vous avancerez beaucoup.

23. — Dirigez vers Dieu chacune de vos
actions, offrez-les-lui et demandez-lui qu'elle
tourne à son honneur et à sa gloire.

24. — Quand vous êtes dans la joie, ne vous

laissez pas aller à des rires immodérés ; mais que votre joie soit humble, modeste, affable et édifiante.

25. — Considérez-vous comme la servante de tous, voyez en tous le Christ, Notre-Seigneur. Par là, vous serez pleine de respect et de vénération pour les autres.

26. — Soyez toujours disposée à faire l'obéissance, comme si Jésus-Christ lui-même vous commandait par la bouche de votre prieure ou supérieure.

27. — Examinez votre conscience à chacune de vos œuvres et à toute heure du jour. Après avoir vu vos fautes, appliquez-vous à vous en corriger avec le secours de Dieu. Par ce chemin vous arriverez à la perfection.

28. — Ne vous occupez pas des fautes du prochain, mais de ses vertus et de vos fautes personnelles.

29. — Ayez toujours de grands désirs de souffrir pour le Christ en toutes choses et en toutes occasions.

30. — Faites chaque jour cinquante offrandes de vous-même à Dieu ; et faites-les avec une grande ferveur et un grand désir de posséder Dieu.

31. — Ce que vous avez médité le matin, gar-

dez-le présent tout le jour ; apportez une grande diligence à cette pratique ; elle procure de précieux avantages.

32. — Conservez avec soin les sentiments que le Seigneur vous aura communiqués, et mettez en pratique les désirs qu'il vous aura suggérés à l'oraison.

33. — Fuyez toujours autant que possible la singularité : car c'est un mal très grand dans une communauté.

34. — Relisez souvent les statuts et la Règle de votre Ordre et observez-les exactement.

35. — Considérez dans toutes les créatures la providence et la sagesse de Dieu, et tirez de chacune d'elles un motif de le louer.

36. — Détachez votre cœur de toutes choses ; puis cherchez Dieu et vous le trouverez.

37. — Ne montrez jamais à l'extérieur une dévotion qui n'est pas dans votre intérieur ; mais vous pouvez ne pas manifester votre dévotion (1).

38. — Ne faites pas paraître votre dévotion intérieure, sans une grande nécessité. *Mon secret est à moi*, disent saint François et saint Bernard.

(1) Les éditions d'Ebora et de Salamanque mettent *devorion* et non *indevocion*.

39. — Que la nourriture soit bien ou mal
apprêtée, ne vous en plaignez pas ; souvenez-
vous du fiel et du vinaigre que l'on présenta à
Jésus-Christ.

40. — Quand vous êtes à table, ne parlez à personne ; ne levez pas les yeux pour regarder les
autres.

41. — Pensez à la table du ciel, à la nourriture
qu'on y sert, qui est Dieu lui-même, et aux con-
vives, qui sont les anges. Élevez les yeux vers
cette table et désirez vous y voir occuper une
place.

42. — Devant votre supérieur, en qui vous
devez voir Jésus-Christ lui-même, ne parlez
jamais si ce n'est pour les choses nécessaires et
alors faites-le avec un profond respect.

43. — Ne faites jamais une chose que vous
n'oseriez pas faire en présence de tout le monde.

44. — Ne faites jamais de comparaison entre
une personne et une autre, c'est là une chose
odieuse.

45. — Quand on vous fera une réprimande,
recevez-la avec une humilité intérieure et extérieure ; et priez Dieu pour celui qui vous reprend.

46. — Quand un supérieur vous commande
une chose, ne dites pas qu'un autre vous a commandé le contraire. Pensez que tous ont de sain-

tes intentions et obéissez à celui qui vous commande.

47. — Dans les choses qui ne vous regardent pas, n'apportez aucune curiosité pour en parler ou vous en informer.

48. — Souvenez-vous de votre vie passée pour la pleurer. Ne perdez point de vue votre faiblesse présente ni ce qui vous manque pour parvenir de la terre au ciel, afin de vivre dans la crainte : c'est là une source de grands biens.

49. — Accomplissez toujours ce que vous demandent les personnes du monastère, quand ce n'est point contre l'obéissance ; répondez-leur avec humilité et douceur.

50. — Ne demandez rien de particulier soit pour la nourriture, soit pour le vêtement, à moins d'une grande nécessité.

51. — N'oubliez jamais de vous humilier et de vous mortifier en toutes choses jusqu'à la mort.

52. — Habituez-vous à faire toujours beaucoup d'actes d'amour ; car ils enflamment et attendrissent l'âme.

53. — Faites aussi les actes de toutes les autres vertus.

54. — Offrez toutes choses au Père Éternel, en union avec les mérites de son Fils, Jésus-Christ.

55. — Soyez douce envers tout le monde, et sévère pour vous-même.

56. — Aux fêtes des Saints, pensez à leurs vertus et demandez au Seigneur de vous les accorder.

57. — Apportez tous les soirs un grand soin à votre examen.

58. — Le jour où vous communiez, considérez à votre oraison du matin que, malgré votre indignité, vous allez recevoir votre Dieu, et à l'oraison du soir, que vous l'avez reçu.

59. — Si vous êtes supérieure, ne reprenez jamais personne avec colère; attendez que la colère soit passée, et alors votre correction portera des fruits.

60. — Apportez le plus grand soin à acquérir la perfection et la dévotion : et que ces deux qualités se retrouvent dans toutes vos œuvres.

61. — Exercez-vous beaucoup dans la crainte du Seigneur : elle maintient l'âme dans la componction et l'humilité.

62. — Considérez attentivement combien les personnes sont changeantes, et le peu de motifs que nous avons de mettre en elles notre confiance. Et ainsi vous vous attacherez intimement à Dieu, qui ne change point.

63. — Faites en sorte de traiter les choses de

votre âme avec votre confesseur ; s'il est docte et
adonné à la spiritualité, ouvrez-vous à lui et sui-
vez en tout ses conseils.

64. — Chaque fois que vous communiez, demandez à Dieu. par cette miséricorde avec
laquelle il se donne à votre pauvre âme, quelque
faveur particulière.

65. — Bien que vous ayez beaucoup de saints
pour avocats, adressez-vous surtout à saint
Joseph ; car il a beaucoup de crédit auprès de
Dieu.

66. — Lorsque vous êtes dans la tristesse ou
dans le trouble, ne cessez point les bonnes œuvres que vous aviez coutume d'accomplir, ni l'o-
raison, ni les pénitences ; le démon ne cherche
à vous troubler que pour vous les faire abandonner. Appliquez-vous-y au contraire plus que d'ordinaire, et vous verrez avec quelle promptitude
le Seigneur vous comblera de ses grâces.

67. — Ne parlez point de vos tentations et
imperfections aux religieuses du monastère qui
sont le moins avancées ; vous nuiriez à vous-
même et aux autres ; n'en parlez qu'aux religieuses les plus parfaites.

68. — N'oubliez point que vous n'avez qu'une
âme ; que vous ne mourrez qu'une fois ; que vous
n'avez qu'une vie bien courte, et une vie qui vous

est propre; qu'il n'y a qu'une gloire, et qu'elle
est éternelle; et alors vous serez détachée de bien
des choses.

69. — Que votre désir soit de voir Dieu, votre
crainte de le perdre, votre douleur de ne pas le
posséder, votre joie de ce qui peut vous élever
vers lui, et vous vivrez dans une grande paix.

# PENSÉES DIVERSES



*Pour faire suite aux Avis, nous publions ici diver-
ses pensées de la Sainte (1).*


## I


« Apprenez de moi que je suis doux et humble (2). »

Saint Jean Chrysostome dit : Le véritable martyre ne consiste pas seulement à répandre le sang,
mais aussi à fuir constamment le péché, à accomplir et garder les commandements de Dieu. La
véritable patience au milieu des adversités est,
en outre, un martyre.

(1) Cf. P. Silverio, t. VI.
(2) Cette pensée et les trois suivantes se trouvent con-
signées de la main de la Sainte sur une feuille de son
bréviaire conservé à Médina. La feuille de ce bréviaire
ayant été détériorée, on y a substitué une autre feuille
où se trouvent ces sentences avec des lettres découpées
dans les écrits de la Sainte. — P. Silv., VI.

Ce qui donne de la valeur à notre volonté, c'est son union à celle de Dieu, de telle sorte qu'elle ne veuille que ce que veut sa Majesté. C'est une gloire que de posséder la charité dans la perfection.


## II

### Pensées pour tirer profit des persécutions (1)

Pour que les persécutions et les injures procurent à l'âme quelque profit et avantage, il faut considérer qu'elles atteignent Dieu avant nous : quand en effet je reçois le coup, sa Majesté a été déjà blessée par le péché.

Considérons aussi que celui qui aime véritablement l'Époux céleste doit s'être engagé à être tout à Lui et à ne rien vouloir pour soi ; or si l'Époux supporte l'injure, pourquoi ne la supporterions-nous pas ? Ce qui devrait nous toucher, c'est l'offense faite à sa Majesté, car l'outrage n'atteint pas notre âme, mais seulement cette boue qui s'appelle notre corps et qui mérite à tant de titres la souffrance.

(1) Ces pensées sont tirées du t. I des Lettres de la Sainte : *Cartas de la Santa publicadas* à Madrid 1772, *aviso* VIII.

Ou mourir ou souffrir, tels doivent être nos désirs.

Personne n'est tenté au-delà de ce qu'il peut souffrir.

Rien ne se fait sans la volonté de Dieu. Mon Père, vous êtes le char d'Israël et son guide, dit Élisée à Élie.


### III

### Pensées diverses (1)


Antiochus répandait une odeur tellement fétide, en punition de ses nombreux péchés, qu'il ne pouvait se supporter lui-même, et que ses courtisans ne pouvaient demeurer près de lui.

En confession on ne doit dire que ses fautes et ses péchés. Il ne faut parler de ses vertus ou des choses d'oraison qu'en dehors de là à quelqu'un d'entendu. La prieure jugera de la nécessité qui lui sera exposée par la religieuse et elle décidera ce qu'il y a à faire ; car, dit Cassien, celui qui ignore les choses spirituelles est semblable à

(1) Cf. t. IV, *Cartas de la Santa*, 1771, fragm. LXXXVI. P. Antonio de S. José. Au XVIIIᵉ siècle, l'autographe se trouvait au couvent des Carmes du saint désert de la Isla, près de Bilbao.

celui qui ne sait pas que les hommes peuvent
nager ; comme il ne les a jamais vus nager : il
n'y comprend rien ; et quand il les voit se jeter à
l'eau, il s'imagine qu'ils vont se noyer.

Le Seigneur a voulu que Joseph parlât à ses
frères de la vision qu'il avait eue et la leur fît
connaître, malgré les terribles épreuves qui devaient en résulter pour lui.

La crainte que l'âme éprouve quand Dieu va
lui accorder quelque faveur de choix, n'est évidemment qu'une crainte révérentielle qui s'empare de l'esprit, comme celle des quatre (vingt-
quatre) vieillards dont parle la sainte Écriture.

On ne pèche que quand on a la connaissance
du mal. Le Seigneur ne laissa pas pécher le roi
d'Égypte avec la femme d'Abraham : ce roi ne
pensait pas que c'était la femme de ce patriar-
che, mais sa sœur.

## IV

Quand les passions de l'âme sont suspendues
dans l'extase et que certaines nécessités lui sont
représentées, pour qu'elle les recommande à
Dieu, on peut penser que c'est un ange qui les
lui représente ; car, dit la sainte Écriture, l'ange

se tient devant Dieu pour l'encenser et lui offrir
nos prières (1).

------

### Prière de sainte Thérèse (2)

O mon Dieu qui êtes la charité même et l'a-
mour, faites que cette vertu se perfectionne si
bien en moi que son feu consume tous les
retours de mon amour-propre. O mon unique
Trésor, ô ma gloire complète, faites que je vous
aime au-dessus de toutes les créatures, que je
m'aime en vous, à cause de vous et pour vous.
Faites que j'aime de même mon prochain, que
je porte ses fardeaux comme je veux qu'il porte
les miens. Faites que j'aime tout ce qui est en
dehors de vous, mais seulement autant qu'il
m'aidera à aller vers vous. Faites que je me
réjouisse, comme je me réjouis déjà, de ce que
vous vous aimiez parfaitement et de ce que vous

(1) Ms. Avila et Tolède.
(2) L'autographe de cette prière, qui se trouve au couvent des Carmélites de Sainte-Anne à Madrid, n'est pas de
la Sainte; il est composé avec des lettres découpées de ses
écrits. Aussi, tout en publiant ce document, notre intention n'est pas d'en garantir l'authenticité.

soyez aimé continuellement de vos anges et des bienheureux qui vous voient dans la gloire sans voile et face et face, ainsi que des justes de la terre qui vous connaissent par la lumière de foi, et vous regardent comme leur unique et souverain Bien, la fin, le centre de leur affection et de leur amour. Je voudrais que tous les imparfaits et pécheurs du monde fissent de même. Avec votre secours je les aiderai à vous aimer ainsi.

# CONSTITUTIONS PRIMITIVES

# CONSTITUTIONS PRIMITIVES

---

## INTRODUCTION

---

Par un bref pontifical du 7 février 1562, sainte
Thérèse est autorisée à donner des Constitutions
aux religieuses du couvent de Saint-Joseph, qui fut
fondé le 24 août suivant. Un second bref, daté du
17 juillet 1562, lui confère de nouveau ce pouvoir.
Son travail terminé, elle le présenta à l'approbation
du Révérendissime Père Jean-Baptiste Rubéo de
Ravenne, Supérieur Général de l'Ordre, lorsqu'il
passait à Avila, en avril 1567 (1); mais son autographe a disparu. Heureusement, il en existe des
copies. L'une d'elles se trouve au couvent des Carmélites de la *Imagen*, à Alcala de Hénarès. Une

(1) Il est vraisemblable qu'elle consulta sur un point
aussi important le P. Garcia de Tolédo et le P. Dom. Bagnès,
tous les deux ses confesseurs à cette époque. Cf. Mir, t. I,
p. 770, et *Historia del Carmen Descalzo*, t. I, l. IV, c. 11 du
P. Jérôme de Saint-Joseph. — Le P. Ange de Salasar déclare
qu'il avait déjà approuvé ces Constitutions lorsqu'elles
furent présentées au Général (*Informations* de Valladolid). —
La Fuente, II.

autre porte le nom de copie de Lisbonne, et une troisième se trouve dans l'*Historia del Carmen Descalzo*, t. I, l. IV, c. 7, du P. Jérôme de Saint-Joseph. La première a subi quelques variations avec le temps, mais les deux dernières offrent toutes les garanties désirables (1). Elles ont été en vigueur jusqu'au Chapitre d'Alcala, 1581, sauf dans les modifications qui y furent apportées par le P. Pierre Fernandez, O. P., et le P. Gratien, qui furent Visiteurs Apostoliques des Carmélites.

Si nous les publions, c'est qu'elles sont à peine connues en France. Nous avons pensé qu'elles pourraient non seulement satisfaire la légitime curiosité des membres du Carmel, mais encore jeter un jour sur les Constitutions d'Alcala 1581. On aura enfin par là une belle occasion de constater l'évolution qu'elles ont suivie depuis leur origine jusqu'à leurs dernières modifications autorisées par le Saint-Siège, le 11 février 1924 et le 22 juin 1926. Si elles n'ont plus d'autorité légale, elles portent toujours avec elles une autorité historique de premier ordre. Nous sommes même persuadé que la lecture en sera, pour les Carmélites, comme un magnifique tableau où elles sauront découvrir la sainteté de vie des origines de la réforme de Thérèse.

(1) *Memorias Historiales* de la Bibl. Nat. de Madrid. N. 35 — Q. 77. — Ms. B. N. 12703.

# LES CONSTITUTIONS

## De l'ordre à suivre
## dans les choses spirituelles

Les Matines se réciteront après neuf heures, non avant, mais non tellement après, qu'on ne puisse faire ensuite, durant un quart d'heure, l'examen sur les actions de la journée. On sonnera la cloche des offices pour cet examen, après lequel, la religieuse désignée par la mère prieure lira quelques lignes en langue vulgaire sur le mystère qui doit faire l'objet de la méditation le lendemain. Le temps employé à tout cela sera distribué de telle sorte qu'à onze heures précises (1) on sonne la cloche pour donner le signal d'aller prendre le repos. Au temps de l'examen et de l'oraison, toutes les Sœurs seront réunies au chœur; aucune d'elles n'en sortira sans permission, une fois les offices commencés.

(1) Les Constitutions de 1581 : « onze heures plus ou moins ».

Elles se lèveront l'été à cinq heures, et feront oraison jusqu'à six; l'hiver, elles se lèveront à six heures et resteront en oraison jusqu'à sept. Aussitôt après l'oraison, elles réciteront les Petites Heures jusqu'à None, excepté les jours solennels, ou quand ce sera la fête d'un saint auquel elles auront une dévotion particulière. Dans ce cas, elles chanteront None avant la Messe (1). Les dimanches et jours de fête, on chantera la Messe, les Vêpres et les Matines; on pourra chanter les Laudes les premiers jours après Pâques et autres jours de solennité, et surtout le jour de la fête du glorieux saint Joseph (2). Le chant ne sera jamais sur plusieurs notes, mais sur une seule et à l'unisson. Les autres jours, l'office sera psalmodié et on entendra une messe basse; puis le Seigneur daignera nous donner du temps pour gagner le nécessaire.

Toutes les Sœurs veilleront à ne point sortir du chœur pour une cause futile; quand elles auront achevé les Petites Heures, elles se rendront chacune à son office. Elles entendront la

---

(1) Les Constitutions de 1581 ont supprimé le chant de None.

(2) Les Constitutions imprimées en 1581 et en 1588 par les soins du P. Gratien conservent également le chant des Matines tous les dimanches.

messe à huit heures en été et à neuf heures en
hiver; celles qui feront la communion resteront
ensuite quelques instants au chœur.

On communiera tous les dimanches et jours
de fêtes, ainsi que ceux de Notre-Dame, de
Notre-Seigneur, de saint Albert, de saint Joseph
et ceux que le confesseur décidera selon la dévo-
tion.et les dispositions de chaque sœur, avec la
permission de la Mère prieure; on communiera
aussi le jour de la fête du saint auquel le monastère est dédié.

Un peu avant le dîner, on sonnera la cloche
des offices pour l'examen de tout ce qu'on a fait
jusqu'à cette heure. Les Sœurs s'appliqueront à
se corriger de la plus grande faute qu'elles auront
découverte en elles, et réciteront un *Pater*, pour
que Dieu leur donne la grâce d'y réussir. Chacune sè mettra à genoux, à l'endroit même où
elle sera, quand on sonnera, et elle fera son
examen en peu de temps.

A deux heures précises, on dira les Vêpres,
excepté en Carême où elles se diront à onze heures. Après les Vêpres, quand elles sont à deux
heures, les Sœurs feront une lecture durant une
heure. En Carême, cette lecture commencera à
deux heures. Il est entendu qu'au coup de deux
heures on sonnera pour les Vêpres. L'heure de

lecture aura lieu, les veilles de fêtes, après Complies. Les Complies se diront l'été à six heures, et l'hiver à cinq.

A huit heures, en hiver et en été, on sonnera le silence, qu'on gardera jusqu'après Prime du jour suivant; on observera ce point avec le plus grand soin. En dehors de ce temps, les Sœurs ne se parleront pas sans permission, excepté les officières et pour des choses nécessaires. Cette permission, la prieure l'accordera quand une Sœur veut s'entretenir avec une autre, afin de rendre plus ardent son amour pour le divin Époux, ou de se consoler dans quelque nécessité spirituelle ou tentation. Cela ne s'entend pas d'une parole, d'une demande, ou d'une réponse; dans ce cas on n'a pas besoin de permission.

Une heure avant Matines on sonnera l'oraison. Durant cette heure d'oraison, on pourra faire une lecture indépendamment de celle qui suit les Vêpres; mais si les Sœurs se sentent alors intérieurement disposées à l'oraison, qu'elles la fassent; elles choisiront l'exercice qui leur semblera le plus propre à les recueillir.

La Mère prieure veillera à avoir de bons livres, et spécialement *les Chartreux* (1), les *Fleurs des*

(1) Ce sont les ouvrages de Ludolphe de Saxe et de Denis le Chartreux que la Sainte désigne ici.

saints, le *Mépris du monde* (1), l'*Oratoire des religieux*, le *Père Louis de Grenade* et le *Père Pierre d'Alcantara*; car c'est là, en partie, une nourriture aussi nécessaire à l'âme que l'aliment matériel l'est au corps.

Le temps que les Sœurs ne seront pas avec la communauté, ou à un office de communauté, elles le passeront tout entier dans leurs cellules respectives ou dans l'ermitage que la prieure leur aura désigné; dans le lieu de leur retraite, elles feront quelque travail, quand ce n'est pas un jour de fête, et se conformeront par cette solitude à ce que prescrit la règle, quand elle dit que chacune demeure chez soi.

Nulle Sœur ne peut entrer dans la cellule d'une autre, sans la permission de la prieure, sous peine grave.

Il n'y aura pas de salle commune de travail.

## Du temporel

On doit vivre toujours d'aumônes et ne posséder aucune rente; tant qu'on pourra le supporter, on ne demandera rien, et les Sœurs s'aideront du

(1) Elle signifie par là l'*Imitation de Jésus-Christ*.

travail de leurs mains, comme le faisait saint Paul. Le Seigneur les pourvoiera du nécessaire, pourvu qu'elles ne désirent rien de plus et en soient contentes bien qu'elles n'aient rien de superflu. Elles ne manqueront pas de ce qu'il faut pour vivre; si elles s'appliquent de toutes leurs forces à contenter le Seigneur, Sa Majesté aura soin qu'il ne leur manque rien.

Pour gagner leur vie, elles ne se livreront point à des travaux délicats, mais à filer, à coudre, ou à faire des choses qui ne soient pas tellement compliquées qu'elles absorbent l'attention et empêchent l'esprit de se fixer en Notre-Seigneur. Elles ne feront point non plus de travaux d'or ou d'argent. Elles n'insisteront pas sur ce qu'on doit payer pour le travail; mais elles prendront bonnement ce qu'on leur donnera : si le prix ne semble pas leur convenir, elles ne se chargeront plus d'un pareil travail.

Elles ne pourront en aucune manière posséder quelque chose en particulier, et on ne le leur permettra ni pour la nourriture, ni pour le vêtement. Elles n'auront ni coffre, ni cassette, ni malle, ni armoire, excepté celles qui sont chargées des offices de la Communauté, ni aucune autre chose en particulier, mais tout sera mis en commun. Ce point est très important, car le démon peut, par de petites choses, amener le relâchement dans la perfection de la pauvreté ; aussi quand la prieure verra une Sœur s'attacher à quelque chose, livre, cellule, ou quoi que ce soit, elle aura grand soin de le lui enlever.


## Des jeûnes


On jeûnera depuis le jour de l'Exaltation de la Croix, qui tombe en septembre, jusqu'à Pâques, excepté les dimanches : on ne mangera jamais de viande, si ce n'est dans le cas de nécessité, quand la règle le prescrit.

Le vêtement sera de serge ou de bure noire ; on emploiera le moins d'étoffe possible pour l'habit. Les manches seront étroites et pas plus larges à l'ouverture qu'au sommet. L'habit sera sans plis, rond, pas plus long derrière que devant ; il descendra jusqu'aux pieds. Le scapulaire sera de la même étoffe et quatre doigts plus court que l'habit. Le manteau de chœur sera aussi en serge, mais blanc et de la même longueur que le scapulaire ; on y emploiera le moins d'étoffe possible, en veillant au nécessaire sans superflu. On portera toujours le scapulaire sur les toques.

Le toques seront de chanvre et sans plis, les

tuniques, en étamine, et les draps de lit aussi. Pour chaussures, les Sœurs auront des alpargates et, par décence, elles porteront des chausses de serge ou de gros brin ; les oreillers seront en étamine, sauf le cas de nécessité, où ils pourront être en toile.

·Les lits n'auront point de matelas, mais une paillasse ; l'expérience a prouvé que des personnes faibles et maladives pouvaient supporter cela. On n'y suspendra rien à l'entour ; mais en cas de nécessité, on aura une natte de jonc ou un paravent formé, soit d'une couverture, soit d'un morceau de bure, soit de quelque autre chose pauvre. Chaque Sœur aura son lit à part. On n'aura ni tapis, si ce n'est à l'église, ni coussins.

Tout cela est de l'état religieux et doit être ainsi ; il en est fait mention expresse, parce que, quand on se relâche, on oublie parfois ce qui est de l'état religieux et d'obligation.

Les Sœurs n'auront à leurs vêtements et à leurs lits aucune chose de couleur, quand même ce serait une chose aussi minime qu'un ruban. Elles ne porteront point d'habits fourrés ; mais si quelqu'une est malade, elle peut avoir une robe de serge.

Leurs cheveux seront coupés afin qu'elles ne perdent pas de temps à les peigner, elles n'auront point de miroirs ni aucun objet curieux ; mais elles vivront dans un complet oubli d'elles-mêmes.

## De la Clôture

Elles ne verront personne sans être voilées, si ce n'est le père, la mère, les sœurs, excepté le cas où la chose serait convenable pour quelque fin, et cela à l'égard de personnes qui peuvent plutôt nous édifier et nous aider dans nos exercices d'oraison, ou nous procurer quelque consolation spirituelle, et non être pour nous un sujet de pure récréation ; elles seront toujours accompagnées d'une tierce, sauf quand elles s'entretiennent des affaires de l'âme.

La prieure gardera la clé de la grille et celle de la porte ; lorsque le médecin ou le chirurgien et autres personnes dont on a besoin dans la maison, ou le confesseur, entreront, ils seront toujours accompagnés de deux tierces qui les précéderont ; quand une malade se confessera, une tierce se tiendra à une certaine distance, mais de façon cependant à voir le confesseur auquel ne parlera que la malade, à moins qu'il ne s'agisse de ne répondre que quelques mots.

Dans les monastères où il y aura un chœur

pour que l'on y ait le Saint-Sacrement, ainsi que des chapelains et commodité pour orner l'église, on n'aura pas de porte donnant entrée à l'église. Là où il n'y a pas cette commodité, et s'il faut avoir une porte donnant entrée à l'église, la prieure en aura la clé ; cette porte ne pourra s'ouvrir qu'en présence de deux Sœurs, et quand on ne pourra faire autrement. Mais si l'on peut faire autrement, alors même qu'il y aurait une porte, on la tiendra fermée.

Il sera permis aux novices, comme aux professes elles-mêmes, de recevoir des visites, afin que si elles ont quelque mécontentement, on sache que ce que nous prétendons, c'est qu'elles soient parmi nous de leur plein gré, et aient toute liberté de dire qu'elles ne veulent pas rester.

Les Sœurs ne se mêleront point des affaires du monde et n'en traiteront point, quand il ne s'agit pas de choses où elles peuvent aider les personnes qui leur en parlent, les mettre dans la vérité et les consoler dans quelque épreuve. Mais si elles ne comptent pas tirer quelque fruit de l'entretien, elles y couperont court, comme il a été dit. Il est très important, en effet, que les personnes qui nous visitent s'en retournent avec quelque profit, et non avec perte de temps, et que nous-mêmes nous en retirions de l'avan-

tage. La tierce veillera à ce que ce point soit
observé. Elle est obligée de prévenir la prieure si
on ne le garde pas; et quand elle ne la préviendra pas, elle encourra la même peine que celle
qui aura transgressé ce point. Cela s'entend lorsqu'on l'aura avertie deux fois; à la troisième
fois, elle sera enfermée durant neuf jours; et le
troisième jour, on lui donnera la discipline au
réfectoire; parce que le point dont je parle est
très important pour la religion.

Les Sœurs éviteront le plus possible les entretiens avec leurs parents; car non seulement lêurs
affaires nous touchent vivement, mais il sera
difficile de ne point mêler à la conversation plusieurs choses du siècle. On veillera bien aux conversations que l'on aura avec les personnes du
dehors, alors même qu'il s'agirait de proches
parents. S'il ne s'agit pas de personnes qui prennent plaisir à parler des choses de Dieu, on les
verra très rarement, et l'entretien sera de courte
durée.


## De la réception des Novices

On tiendra beaucoup à ce que celles que l'on
recevra soient des personnes d'oraison et aient

pour but une entière perfection et le mépris du monde. Elles n'auront pas moins de dix-sept ans. Si elles ne viennent pas déjà détachées du monde, elles supporteront difficilement ce qui se pratique chez nous ; et mieux vaut tout d'abord user de circonspection que d'avoir à les renvoyer ensuite.

Il faut qu'elles aient de la santé, du jugement, et de l'aptitude pour réciter l'office divin et aider au chœur. On ne les admettra pas à la profession si on comprend dans l'année de leur noviciat qu'elles n'ont pas un caractère ferme et les autres qualités nécessaires pour suivre ce qui doit se pratiquer chez nous. Si quelqu'une de ces choses leur manque, on ne les recevra pas. Il faut excepter le cas où il s'agit d'une personne grande servante de Dieu et très utile au monastère ; quand on voit qu'elle ne causera aucune inquiétude et qu'on rend service à Notre-Seigneur, on condescendra à ses pieux désirs: Mais quand ces désirs ne sont pas assez grands pour montrer que le Seigneur l'appelle à cet état, il ne faut nullement la recevoir.

Lorsqu'une postulante n'aura aucune aumône à donner au monastère, on ne laissera pour cela de l'admettre, si par ailleurs on est content d'elle, comme nous l'avons fait jusqu'à ce moment. Si la novice veut donner ce qu'elle pos-

sède, et qu'ensuite quelque motif vienne l'en
empêcher, on ne fera pas de procès pour le récla-
mer et ce ne sera pas un motif pour refuser de
recevoir la novice à la profession.

On veillera avec le plus grand soin à ne point
se laisser guider par des vues d'intérêt, car la
convoitise pourrait s'insinuer peu à peu, de telle
sorte que l'on regarderait plus aux aumônes qu'à
la bonté et à la qualité de la personne. Cela ne
doit être en aucune manière; ce serait un grand
mal. Les Sœurs auront toujours devant les yeux
la pauvreté dont elles font profession pour en
répandre partout les parfums. Elles considére-
ront que ce n'est point là ce qui doit les susten-
ter, mais bien la foi, la perfection et la confiance
en Dieu seul. Elles veilleront avec soin à ce point
de constitution et y seront fidèles, car cela convient; on le lira aux Sœurs.

Quand on recevra une novice, ce sera toujours
de l'avis de la plus grande partie de la Communauté; il en sera de même pour l'admission à la
profession.

Les converses que l'on recevra doivent être
robustes. Ce seront des personnes que l'on jugera
animées d'un vrai désir de servir Dieu. Elles
resteront une année avant de prendre l'habit de
l'ordre, afin qu'on voie si elles sont aptes à rem-

plir le but pour lequel on les reçoit, et qu'elles
s'assurent elles-mêmes si elles auront assez de
force ; elles ne porteront point de voile devant
la figure ; et on ne leur donnera pas le voile noir ;
mais, deux ans après la prise d'habit elles
feront profession, à moins qu'elles n'aient mérité
par leur grande vertu d'être admises plus tôt.
Elles seront traitées avec charité et fraternité ; on
veillera à leur nourriture et à leur vêtement,
comme pour les autres.

## Des offices humbles

Le tableau du balayage portera tout d'abord
le nom de ¡a Mère prieure, afin qu'en tout elle
donne le bon exemple.

On veillera soigneusement à ce que celles qui
ont les offices de robière et d'économe pourvoient
avec charité aux besoins des Sœurs, qu'il s'agisse
de la nourriture, ou de tout le reste. On ne fera
rien plus pour la prieure et les anciennes que
pour toutes les autres, comme la règle le prescrit. On aura égard aux nécessités et à l'âge,
mais plus encore à la nécessité qu'à l'âge, parce
que parfois une Sœur plus âgée a moins de
besoins qu'une autre moins âgée. On veillera

attentivement à ce que ce point soit généralement observé, parce que cela convient pour beaucoup de motifs.

Aucune Sœur ne s'entretiendra de la nourriture, et ne dira que c'est peu ou beaucoup, bien ou mal préparé. La prieure ou l'économe aura soin qu'on s'arrange avec ce que le Seigneur aura envoyé, et que ce soit bien préparé, pour qu'on puisse se contenter de ce qui est donné, car les Sœurs ne possèdent pas autre chose.

Les Sœurs seront obligées de dire à la Mère prieure, et les novices à leur maîtresse, ce dont elles ont besoin pour le vêtement et pour la nourriture; et si elles ont besoin de plus que de l'ordinaire, alors même qu'il ne s'agirait pas d'une grande nécessité, elles recommanderont d'abord la chose à Notre-Seigneur; car notre nature demande souvent plus que le nécessaire, et parfois le démon contribue à nous suggérer des craintes au sujet de la pénitence et du jeûne.


## Des Sœurs malades

Les malades seront soignées en toute charité et compassion et avec tout le régal conforme à notre pauvreté; elles loueront Dieu, Notre-Seigneur, quand il pourvoiera abondamment à leurs besoins, et si elles n'ont pas ces adoucissements que se procurent les riches dans leurs souffrances, elles ne s'en affligeront pas; elles ont dû être déterminées à cela en entrant chez nous; et c'est être pauvre que de manquer de quelque chose, au moment où la nécessité est peut-être la plus grande. La Mère prieure aura grand soin que le nécessaire manque plutôt aux bien portantes que quelques soulagements aux malades.

Celles-ci seront visitées et consolées par les Sœurs. On désignera une infirmière qui ait l'habileté et la charité que réclame cet office. Les malades s'appliqueront alors à donner des preuves de la perfection qu'elles ont acquise, quand elles se portaient bien. Elles seront patientes; elles se montreront aussi peu importunes que possible, lorsque le mal ne sera pas grand; elles obéiront à l'infirmière, afin de tirer profit de la maladie, d'en sortir avec un gain spirituel et d'édifier les Sœurs. Elles porteront du linge et auront de bons lits, je veux dire de bons matelas, et seront traitées avec beaucoup de propreté et de charité.

On ne taxera jamais le travail aux Sœurs; mais chacune s'efforcera de travailler pour sub-

venir à la nourriture des autres. On attachera
une grande importance à ce point de la règle :
quiconque veut manger doit travailler, comme
le faisait saint Paul. Si quelquefois une Sœur
veut, d'elle-même, se charger d'un travail
déterminé pour chaque jour, elle le peut; mais
on ne lui imposera pas de pénitence si elle ne
l'achève pas.

Chaque jour, après le dîner ou la collation,
quand les Sœurs sont assemblées, la tourière
dira ce qui aura été donné en aumône ce jour-là,
et nommera les personnes qui l'ont faite, pour
que toutes aient soin de prier Dieu qu'il daigne
les récompenser.

' Quant à l'heure du repas, nous ne la pouvons
fixer; cela dépendra de ce que le Seigneur nous
enverra. Lorsqu'il y aura de quoi, le dîner sera
à onze heures et demie les jours de jeûne d'É-
glise; quand ce sera jeûne de l'Ordre, on dînera
à onze heures ; mais en été on sonnera le repas
à dix heures.

Si, avant qu'on se mette à table, Notre-Seigneur inspire à une Sœur de faire quelque mortification, elle en demandera la permission; on
ne laissera point tomber cette bonne dévotion
d'où découlent de précieux fruits : mais on s'en
acquittera rapidement, pour ne point empêcher la

lecture. En dehors du déjeuner et du dîner, aucune Sœur ne mangera ni ne boira sans permission.

A la sortie du repas, la Mère prieure pourra permettre aux Sœurs de s'entretenir en commun de ce qui leur sera le plus agréable, pourvu que ce ne soit pas étranger à la conversation qu'une bonne religieuse doit tenir et que chacune ait alors sa quenouille.

Les jeux sont absolument défendus ; le Seigneur donnera grâce à quelques-unes pour récréer les autres, et le temps qu'on y passera ainsi sera bien employé.

Les Sœurs s'appliqueront à ne point se causer de peine les unes aux autres ; leurs plaisanteries et leurs paroles seront pleines de discrétion. Après cette heure de récréation passée ensemble, elles dormiront une heure l'été ; si quelqu'une ne veut pas dormir, elle gardera le silence. A la suite des Complies et de l'oraison, comme il a été dit plus haut, la Mère prieure pourra, en hiver et en été, permettre aux Sœurs de s'entretenir toutes ensemble ; elles auront leurs travaux, comme nous l'avons dit, et la durée de ce temps sera laissée au jugement de la Mère prieure.

Aucune Sœur n'en embrassera une autre, ni ne la touchera au visage ou aux mains. Elles n'entretiendront point d'amitiés particulières, mais elles s'aimeront toutes en général, comme Jésus-Christ le recommande souvent à ses apôtres. Dès lors qu'elles sont en si petit nombre, cela sera facile; et elles fixeront les yeux sur leur Époux qui a donné sa vie pour nous. Cet amour qu'elles auront les unes pour les autres en général, et non pour une Sœur en particulier, est très important.

Aucune Sœur ne reprendra une autre des fautes qu'elle la verra commettre. Si ces fautes sont considérables, elle avertira la Sœur en particulier avec charité; si, après trois avertissements, il n'y a pas d'amendement, elle en parlera à la Mère prieure; mais elle n'en dira rien à aucune autre Sœur. Il y a en effet des zélatrices qui sont chargées de remarquer les fautes; aussi les autres Sœurs ne s'en occuperont pas, et laisseront passer celles qu'elles verront; elles veilleront seulement à leurs propres fautes; elle ne se mêleront point de celles que les autres feront dans leurs offices, à moins qu'il ne s'agisse d'une chose grave; car alors elles devront prévenir, comme nous l'avons dit.

Elles auront grand soin de ne pas se disculper, si ce n'est dans le cas où il serait nécessaire de le faire, parce que c'est une pratique dont elles retireront beaucoup de profit.

Les zélatrices veilleront attentivement à remarquer les fautes, et quelquefois, sur l'ordre de la prieure, elles les reprendront en public, quand même il s'agirait de Sœurs plus anciennes, afin qu'on s'exerce dans l'humilité; ainsi les Sœurs qui seront reprises ne répondront rien, alors même qu'elles se reconnaîtraient sans faute.

Les Sœurs ne pourront rien donner, même à leurs parents, ni en rien recevoir, sans la permission de la prieure, à qui on montrera tout ce qui sera apporté en aumônes.

Jamais la prieure, ni aucune autre Sœur, ne pourra s'appeler *dame*.

Comme presque tout est ordonné conformément à notre règle, le châtiment des coulpes et des fautes par rapport à ce qui a été dit consistera dans les peines de coulpes plus ou moins grandes signalées à la fin de ces Constitutions. Dans tout ce qui précède, la Mère prieure pourra, selon qu'il lui paraîtra juste, dispenser avec discrétion et charité. Néanmoins elle n'obligera point à garder ces Constitutions sous peine de péché, mais à subir une peine corporelle.

Les bâtisses du monastère n'auront aucune ornementation, excepté celles de l'église. Il n'y aura non plus rien de recherché; la boiserie sera grossière, la maison petite, et les pièces basses.

La maison devra répondre au nécessaire et non au superflu, et sera bâtie le plus solidement possible ; le mur de clôture sera élevé ; il y aura un enclos pour y construire des ermitages, où les Sœurs pourront se retirer et s'adonner à l'oraison, comme le faisaient nos saints Pères.

## Des défuntes

Les sacrements seront administrés de la manière prescrite dans l'Ordinaire. Quand une religieuse sera morte, on fera les obsèques et l'enterrement ; et il y aura une vigile et une messe chantée ; au bout de l'an, il y aura encore une vigile et une messe chantée. Si c'est possible, on fera dire les messes de saint Grégoire ; dans le cas contraire, toutes les Sœurs réciteront un office des morts pour celles qui meurent dans le monastère ; mais pour les autres, il y aura un office des morts, et si on le peut, une messe chantée : tout cela est pour les Sœurs de la règle primitive, tandis que pour les Sœurs de la règle mitigée, on récitera un office des morts.

## Des obligations des Sœurs
## dans leurs offices respectifs

L'office de la Mère prieure est d'avoir grand soin que l'on garde en tout la Règle et les Constitutions, de veiller avec zèle au bon renom et au recueillement du monastère, d'examiner comment toutes les Sœurs s'acquittent de leurs offices, de pourvoir à leurs nécessités, soit spirituelles, soit temporelles, avec le dévoûment d'une mère; qu'elle veille aussi à être aimée pour être obéie.

La prieure nommera la portière et la sacristine; elle choisira celles en qui on puisse avoir confiance; elle pourra les changer quand bon lui semblera, afin de ne pas donner lieu à une Sœur de s'attacher à un emploi.

Elle nommera encore toutes les autres officières, excepté la sous-prieure et les clavières qui seront élues aux voix; ces dernières doivent savoir écrire et compter, au moins deux d'entre elles.

L'office de la sous-prieure est d'avoir soin du chœur et de diriger la psalmodie et le chant pour qu'il s'exécute convenablement et avec pause; ce point mérite la plus grande attention. Elle doit présider quand la prieure est absente et être toujours avec la Communauté; de plus, elle reprendra les fautes qui se commettent au chœur et au réfectoire quand la prieure n'est pas là.

Les clavières doivent, tous les mois, demander les comptes à la receveuse, en présence de la prieure qui prendra leur avis dans les choses importantes. Il y aura un coffre à trois clés pour les écritures et le dépôt du monastère. La prieure aura une de ces clés, et les deux autres seront gardées par les deux clavières plus anciennes.

L'office de la sacristine est d'avoir soin de tous les objets de l'église et de veiller à ce que le Seigneur y soit servi avec le plus profond respect et que tout y soit très propre. Elle sera chargée d'appeler avec ordre les Sœurs au confessionnal; elle n'y laissera aller personne sans permission, sous peine de faute grave, si ce n'est pour se confesser à celui qui est désigné pour cela.

L'office de la receveuse ou grande portière, ce qui est tout un, est de veiller à pourvoir à temps la maison de tout le nécessaire si le Seigneur donne de quoi. Quand elle sera au tour, elle parlera doucement et de manière à édifier. Elle s'occupera avec charité de ce dont les Sœurs ont besoin; elle n'oubliera point de marquer les dépenses et les recettes. Elle ne contestera pas et ne

marchandera pas, quand elle achètera quelque
chose; mais après avoir dit deux fois ce qu'elle
veut en donner, elle prendra l'objet ou le laissera.
Elle ne laissera venir aucune Sœur au tour sans
permission. Quand on ira à la grille, elle appellera
immédiatement la tierce. Elle ne soufflera mot à
personne de ce qui se passe au tour, si ce n'est
à la supérieure; elle ne donnera pas les lettres
aux Sœurs, mais à la prieure qui les lira tout
d'abord; elle ne leur portera jamais de message
sans l'avoir prévenue; elle n'en fera point à ceux
du dehors, sous peine de coulpe grave.

Les zélatrices dont l'office est important auront
soin de remarquer les fautes qui se commettent
et les signaleront à la prieure, comme il a été dit.

La Maîtresse des novices sera une personne de
grande prudence, d'oraison et d'esprit intérieur.
Elle aura grand soin de lire les Constitutions aux
novices, de leur enseigner tout ce qu'elles doivent faire, soit les cérémonies, soit les mortifi-
cations, et de s'appliquer plus à perfectionner en
elles l'intérieur que l'extérieur; chaque jour elle
leur demandera quel progrès elles ont réalisé
dans l'oraison, comment elles se trouvent du
mystère qu'elles doivent méditer, quel profit
elles en retirent. Elle leur enseignera, en outre,
la manière de se conduire dans cet exercice et

dans le temps de sécheresse, comme aussi de briser leur volonté, même dans les plus petites choses.

La Sœur chargée de cet office aura soin de ne s'oublier en rien ; car elle forme des âmes pour que le Seigneur y établisse sa demeure ; elle les traitera avec bonté et amour, ne s'étonnera point de leurs fautes, les fera avancer peu à peu et les mortifiera selon le degré de vertu où elle les croira parvenues. Elle veillera à ce qu'on ait plus de soin de ne point manquer à la pratique des vertus qu'à la rigueur de la pénitence.

La prieure la fera aider pour apprendre aux novices à lire.

Toutes les Sœurs iront une fois le mois rendre compte à la prieure de leurs progrès dans l'oraison, ainsi que de la manière dont le Seigneur les conduit, et sa Majesté lui donnera sa lumière pour les guider si elles ne vont pas bien. On accomplit par là un acte d'humilité et de mortication dont on retirera un grand profit.

Quand la prieure verra qu'elle n'a pas une Sœur qui convienne pour maîtresse des novices, elle le sera elle-même ; elle se chargera de cet office si important et se fera aider par une Sœur.

Lorsque les Sœurs qui ont des offices ne peuvent faire l'oraison aux heures marquées, elles choisiront une heure où elles seront moins occupées; cela s'entend quand elles auront été empêchées durant l'heure entière ou la plus grande partie de l'heure.

L'argent que le Seigneur donnera en aumône se mettra toujours aussitôt dans le coffre à trois clés, à moins qu'il ne s'agisse d'une petite somme; on pourra alors la remettre à la clavière; chaque soir, avant que le silence soit sonné, la portière rendra un compte détaillé à la prieure ou à la dite clavière; une fois le compte fait, il sera porté sur le livre du couvent pour le montrer chaque année au Visiteur.

## Du chapitre des coulpes graves

Le chapitre des coulpes graves aura lieu une fois chaque semaine, comme la règle le prescrit. Les fautes des Sœurs y seront corrigées avec charité; on le tiendra toujours à jeun. Au signal de la cloche, toutes les Sœurs se réuniront au chapitre, et alors, au signal de la prieure ou de la présidente, la Sœur qui remplit l'office de lectrice lira ces Constitutions et la règle. Avant de lire, elle dira : *Jube, domne, benedicere...* et celle qui préside répondra : *Regularibus disciplinis nos instrucre digneris, Magister cælestis*. Et toutes les Sœurs répondront : *Amen*. Et alors, si la Mère prieure juge bon de leur adresser quelques mots sur la lecture, ou pour leur correction, elle commencera par dire : *Benedicite*, et les Sœurs diront: *Dominus*, puis se prosterneront et attendront, pour se relever, que le signal leur en soit donné. Une fois levées, elles retourneront s'asseoir; ensuite elles viendront deux à deux au milieu du chapitre, en commençant par les novices, les Sœurs converses et enfin les plus anciennes, et diront leurs fautes et leurs négligences manifestes à la présidente; mais quand viendra le tour des anciennes, on fera sortir les novices, les converses et celles qui n'ont ni voix, ni rang au chapitre.

Les Sœurs ne parleront point au chapitre, si ce n'est dans deux cas : pour dire simplement leurs fautes personnelles et celles des Sœurs, et pour répondre aux questions de la présidente; celle qui sera accusée se gardera bien d'accuser une autre Sœur sur un simple soupçon qu'elle aura d'elle. Si elle le fait, elle subira la peine du délit dont elle l'accuse; il en sera de même à l'égard de celle qui l'accuserait d'une faute dont elle a déjà subi la peine. Mais, pour que les vices et les défauts ne demeurent pas cachés, la Sœur pourra dire à la Mère prieure ou au Visiteur ce qu'elle a vu ou entendu.

On châtiera de même celle qui aura accusé faussement une autre Sœur, et de plus elle sera contrainte de réparer, autant que possible, la réputation lésée. Quant à l'accusée, elle ne répondra rien, à moins qu'on ne lui commande de le faire ; et alors elle dira humblement : *Benedicite*. Mais si elle répondait avec impatience, elle serait punie plus rigoureusement, selon que le jugera à propos la présidente qui attendra pour cela que la passion soit apaisée.

Les Sœurs se garderont de divulguer et de publier, de quelque manière que ce soit, les délibérations qui auront été prises et les secrets des divers chapitres.

Quand la Mère prieure aura corrigé quelques fautes, ou réglé certaines choses en chapitre, les Sœurs n'en parleront point en dehors par manière de murmure ; ce serait une source de discordes ; le couvent perdrait la paix ; il s'y formerait des partis et on usurperait par là l'office des supérieures.

La Mère prieure ou la présidente sera animée du zèle de la charité et de l'amour de la justice ; elle agira sans dissimulation pour corriger légitimement les fautes qui auront été reconnues avec

évidence ou celles dont les Sœurs s'accuseront,
comme il a été déclaré.

La Mère prieure pourra adoucir ou abréger la
peine due pour une faute commise sans malice,
et cela au moins la première, la seconde ou la
troisième fois. Mais si elle voit une Sœur manquer avec une certaine malice ou habitude vi-
cieuse, elle devra augmenter les peines précéden-
tes, et ne les diminuera ni relâchera sans l'autorité du Visiteur. S'il s'agit de Sœurs qui ont la
coutume de tomber dans des fautes légères, elle
leur donnera la pénitence de la faute plus grande.
On traitera de même les autres qui commettront
des fautes par habitude et on augmentera les
peines fixées.

Une fois les coulpes entendues et la correction
faite, les Sœurs diront les Psaumes : *Miserere.
mei* et *Deus misereatur nostri*, comme le prescrit
l'Ordinaire ; et le chapitre terminé, la présidente
dira : *Sit nomen Domini benedictum* : on répondra : *Ex hoc nunc et usque in sæculum.*


## De la coulpe légère

Il y a coulpe légère si, aussitôt après le signal,
la Sœur ne met pas l'empressement et la dili-

gence qu'il faut pour venir au chœur convenablement et modestement ajustée;

Si on entre au chœur, l'office déjà commencé:

Si on lit ou on chante mal: ou si, après avoir commis une faute, on ne s'en humilie pas immédiatement en présence de toutes les Sœurs;

Si on n'a pas prévu la lecture en temps voulu;

Si on n'a pas, par négligence, le bréviaire ou le livre avec lequel on doit réciter:

Si on rit au chœur ou si on fait rire les autres;

Si on arrive trop tard aux offices divins ou au travail;

Si on méprise ou si on n'observe pas convenablement les prostrations, les inclinations ou autres cérémonies;

Si on cause quelque trouble ou on fait quelque bruit au chœur, au dortoir ou dans la cellule;

Si on tarde à venir à l'heure voulue, au chapitre, au réfectoire ou au travail;

Si on parle de choses oiseuses, si on en fait ou si on s'en occupe;

Si on fait beaucoup de tapage;

Si on traite avec négligence les livres, les vêtements ou autres objets du monastère, si on brise ou si on perd des choses qui sont au service de la maison;

Si on mange ou si on boit sans permission.

A celles qui seront accusées ou s'accuseront de ces fautes ou fautes semblables, on imposera et donnera pour pénitence une oraison, ou des oraisons selon la gravité de la coulpe, ou une œuvre humble, ou bien la garde du silence, surtout quand on aura manqué au silence de l'Ordre, ou la privation de quelque aliment à tel ou tel repas.

## De la coulpe moyenne

Il y a coulpe moyenne, si on entre au chœur après la récitation du premier psaume ; et si on arrive en retard, on doit se prosterner et attendre que la prieure donne le signal de se relever ;

Quand on a la présomption de chanter ou de lire d'une manière différente de celle qui est en usage ;

Quand on n'est pas attentif à l'Office divin, que l'on n'y a pas les yeux baissés et qu'on montre de la légèreté d'esprit ;

Quand on traite sans révérence les ornements de l'autel ;

Quand on ne se rend pas au chapitre, au travail ou au sermon, ou qu'on ne se trouve pas au réfectoire avec la Communauté :

Quand on omet de propos délibéré ce qui est commandé à toutes;

Quand on montre de la négligence à remplir l'office dont on a la charge;

Quand on parle au chapitre sans permission;

Quand on se disculpe d'une accusation en élevant la voix;

Quand, par esprit de vengeance, on a la présomption d'accuser une Sœur d'une faute qui nous a été reprochée le jour même;

Quand on montre du désordre dans les gestes ou dans les habits;

Quand on jure ou qu'on parle d'une manière peu convenable, et quand, chose plus grave, on fait cela par habitude;

Quand on se dispute ou qu'on profère des paroles qui soient de nature à offenser les Sœurs;

Quand on refuse le pardon à celle qui nous a fait une offense et qui le demande;

Quand on entre dans les officines du monastère sans permission.

Ces fautes et autres semblables seront punies au chapitre par une discipline que donnera la présidente ou celle qu'elle désignera pour cela. Celle qui a accusé la Sœur coupable ne lui infligera pas le châtiment, ni les jeunes aux plus anciennes.

## De la coulpe grave

La coulpe est grave, si une Sœur se querelle d'une manière malhonnête avec une autre :

Si quelqu'une est surprise exprimant des injures ou proférant des malédictions ou paroles désordonnées et indignes d'une religieuse, ou si elle s'est mise en colère contre une autre.

Si quelqu'une jure ou reproche avec injure à une Sœur une faute passée dont elle a déjà fait pénitence, ou ses défauts naturels ou ceux de ses parents ;

Si quelqu'une défend sa propre faute ou celle d'une autre ;

Si quelqu'une est convaincue d'avoir dit un mensonge et affirmé, de propos délibéré, ce qui est faux ;

Si quelqu'une, par habitude, n'observe pas le silence ;

Si quelqu'une a coutume, au travail ou ailleurs, de conter des nouvelles du siècle ;

Si quelqu'une, sans cause et sans permission, rompt les jeûnes de l'Ordre et surtout ceux que prescrit l'Église ;

Si quelqu'une prend quelque chose à une Sœur ou à la Communauté ;

Si quelqu'une change avec une autre la cellule ou le vêtement qui est à son usage :

Si quelqu'une entre à l'heure du repos ou à une autre moment dans la cellule d'une Sœur sans permission ou sans nécessité évidente ;

Si quelqu'une se trouve au tour ou au parloir, ou à un endroit où sont des personnes du dehors, sans une permission spéciale de la prieure ;

Si une Sœur en menace une autre en face avec colère, si elle lève la main ou fait autre chose pour la frapper, la peine de la coulpe grave lui sera doublée.

Les Sœurs qui demanderont pardon pour des fautes de ce genre, ou qui n'en seront point accusées, recevront deux corrections au chapitre, jeûneront deux jours au pain et à l'eau, mangeront une fois au fond du réfectoire en présence de la Communauté, sans table et sans appareil aucun. Quant à celles qui en seront accusées, on leur infligera en plus une correction et on les mettra un jour au pain et à l'eau.


## De la coulpe plus grave

Il y a coulpe plus grave, si quelqu'une ose contester avec colère contre la Mère prieure ou la présidente ou manquer par ses paroles au respect qui leur est dû ;

Si quelqu'une frappe avec malice une Sœur: par le fait même. elle encourt la sentence d'excommunication, et doit être évitée de toutes les autres ;

Si quelqu'une est convaincue de semer la zizanie ou la discorde entre les Sœurs, ou d'avoir la coutume de pratiquer la détraction et la médisance en secret ;

Si quelqu'une a la présomption de parler aux personnes du dehors sans la permission de la Mère prieure, ou sans une compagne qui soit témoin de tout et l'entende clairement.

Celles qui seront accusées et convaincues de fautes de ce genre se prosterneront aussitôt et demanderont humblement pardon. elles découvriront les épaules pour recevoir le châtiment mérité ; et on leur infligera une discipline durant le temps que la Mère prieure jugera bon ; quand on lui aura dit de se relever, elle s'en ira à la cellule que lui aura désignée la Mère prieure ; aucune Sœur n'osera approcher d'elle. ni lui parler, ni lui rien envoyer ; on lui fera connaître ainsi qu'elle a été séparée de la communauté et qu'elle est privée de la compagnie des Anges. Tout le temps qu'elle sera en pénitence, elle ne fera pas la communion,

on ne lui assignera aucun office, on ne lui donnera aucune obédience, on ne lui commandera
rien. Bien plus, elle sera privée de l'office qu'elle
avait précédemment ; elle n'aura ni voix ni rang
au chapitre ; mais elle pourra s'y accuser. Elle
sera à la dernière place jusqu'à ce qu'elle ait
pleinement satisfait. Pendant les repas, elle ne
prendra point place avec les autres, mais s'assiéra au milieu du réfectoire sur le sol nu, couverte de son grand voile, et ne prendra que du
pain et de l'eau, à moins que par miséricorde la
Mère prieure ne lui fasse donner quelque chose.
Cette dernière se montrera pleine de compassion
à son égard et lui enverra quelque Sœur pour la
consoler. S'il y a dans la coupable de l'humilité
du cœur, on favorisera ses bons désirs. De plus,
toute la communauté lui donnera aide et faveur
et la Mère prieure ne s'opposera pas à lui faire
miséricorde tôt ou tard, plus ou moins, selon
que le caractère du délit le requiert.

Si quelqu'une se révolte ouvertement contre la
Mère prieure ou contre les Supérieurs, si elle invente contre eux quelque chose qui ne soit ni licite
ni honnête, elle fera la pénitence indiquée ci-dessus durant quarante jours et sera privée de voix et
de rang au chapitre et de tous les offices qu'elle
avait. Si, par quelque conspiration de cette sorte

ou par un malicieux complot, des personnes séculières s'ingèrent d'une façon quelconque dans les affaires de l'intérieur pour la honte, le déshonneur du monastère, les Sœurs coupables seront enfermées ou détenues plus ou moins longtemps selon la gravité du scandale qui aura été donné. Et si les complots donnent naissance à des partis et à des divisions dans le monastère, celles qui les font et celles qui les favorisent encourent, par le fait même, l'excommunication et seront enfermées.

Si quelqu'une met obstacle au rétablissement de la paix ou à la correction des abus en accusant les Supérieurs d'agir par haine ou avec partialité, ou pour des motifs semblables, elle sera punie de la même peine que celles qui conspirent contre la Mère prieure.

Si quelqu'une ose recevoir, remettre ou lire des lettres sans la permission de la Mère prieure, ou envoyer quelque chose au dehors ou retenir ce qui lui aura été donné; de même, si par ses fautes elle scandalise quelque personne du dehors, non seulement elle sera passible des peines fixées par ces Constitutions, mais de plus elle se tiendra prosternée devant la porte du chœur lorsque les Sœurs y passent pour la récitation des Heures canoniales, et pour les grâces après dîner.

## De la coulpe très grave

La coulpe est très grave quand il y a incorrigibilité de la part de celle qui ne craint pas de commettre les fautes et qui refuse d'en faire pénitence :

Si une Sœur se rend coupable d'apostasie ou franchit la clôture du monastère, elle doit savoir qu'elle encourt par le fait même l'excommunication.

Il y a une coulpe très grave quand une Sœur désobéit et, par une rébellion ouverte, refuse de se soumettre au commandement que le Prélat ou Supérieur lui aura fait à elle en particulier, ou à toutes en général;

De même, si quelqu'une (ce qu'à Dieu ne plaise, puisqu'il est la force de ceux qui espèrent en lui!) tombe dans le péché de la sensualité dont on l'aurait convaincue; mais cela s'entend si elle en est soupçonnée gravement.

Si quelqu'une possède quelque chose en propre, ou s'en reconnaît coupable, ou sera trouvée telle à la mort, elle sera privée de la sépulture ecclésiastique; si elle porte violemment les mains sur la Mère prieure ou sur une autre Sœur; si elle révèle, de quelque manière que ce soit, aux personnes du dehors ou étrangères la faute d'une Sœur ou de la Communauté, ou les secrets du monastère, et qu'il en résulte de la diffamation; si, par ambition, elle brigue pour soi ou pour d'autres des offices ou autres choses contre les Constitutions de l'Ordre;

Les Sœurs coupables de ces sortes de fautes seront mises en prison ou seront dans le même lieu condamnées au jeûne et à l'abstinence plus ou moins longtemps, selon la nature et la gravité du délit, et comme le jugera bon la Mère prieure ou le Visiteur. Quelle que soit la coupable, les autres Sœurs sont tenues, sous peine de rébellion, de la mener en prison dès que la prieure en aura donné l'ordre. Personne ne lui parlera, à l'exception de celles qui la gardent. Personne ne lui enverra quoi que ce soit, sous peine d'encourir le même châtiment. Si la Sœur emprisonnée parvient à s'évader, celle qui est chargée de la garder, ou celle qui lui aura fourni le moyen de s'enfuir sera, si on la convainc de l'avoir fait, mise dans la même prison et y restera le temps proportionné à la gravité de la faute de la fugitive.

Il y aura une prison destinée à ces sortes de coupables, et celles qui y seront détenues pour

des motifs de scandales n'en pourront être délivrées que par le prélat supérieur. Seront condamnées perpétuellement à la prison : l'apostate;
celle qui sera tombée dans le péché de la chair;
celle qui commettra un crime qui dans le siècle
est puni de la peine de mort; celles qui ne veulent pas être humbles ni reconnaître leurs fautes, excepté si durant ce temps de pénitence leur
amendement et leur patience ne soient si manifestes que, d'après l'avis et sur l'intercession de
toutes les Sœurs et le consentement de la Mère
prieure, elles ne méritent d'être délivrées de la
prison. Toute religieuse qui aura subi cette peine
de l'emprisonnement doit savoir qu'elle reste
privée de la voix active et de la voix passive,
ainsi que du rang; elle ne pourra, non plus,
accomplir aucun acte légal, ni remplir aucun
office. Aussi, bien qu'elle soit délivrée de la prison, elle n'est pas pour cela rétablie dans les
droits susdits, à moins que cette grâce ne lui ait
été explicitement accordée; et quoiqu'on lui
rende le rang, il ne s'ensuit pas qu'elle recouvre
la voix au chapitre, ni qu'elle recouvre la voix
passive si on lui a rendu la voix active, à moins,
encore une fois, que cela lui soit expressément
accordé. Toutefois, la religieuse qui sera tombée
dans les fautes susdites ne pourra jamais être

réhabilitée au point de pouvoir être élue à quelque
office, ou accompagner les Sœurs comme tierce
au tour, ou ailleurs. Celle qui sera tombée dans
le péché de la chair, alors même que, repentante
de sa faute, elle demande pardon et miséricorde,
ne sera jamais plus reçue au chapitre, à moins
d'un motif raisonnable et de l'avis du Visiteur.
Si une Sœur est convaincue devant la prieure
d'avoir porté un faux témoignage, ou si elle a
l'habitude de diffamer les Sœurs, elle en sera
punie de la manière suivante : A l'heure du repas,
elle se présentera sans le voile et portera un scapulaire sur lequel on aura cousu deux langues de
bure en couleurs rouge et blanche, l'une par
devant, l'autre par derrière ; elle mangera par
terre au milieu du réfectoire, au pain et à l'eau,
afin que l'on reconnaisse qu'elle est ainsi punie
pour avoir péché gravement par la langue ; après
quoi elle sera mise en prison, et, si un jour elle
en est délivrée, elle n'aura ni la voix ni le rang.
Si la prieure elle-même (ce qu'à Dieu ne plaise !)
vient à tomber dans quelqu'une de ces fautes,
elle sera déposée sur-le-champ et punie ensuite
très sévèrement.

Chaque monastère aura un exemplaire de ces
Constitutions qui sera placé dans le coffre à trois
clés ; mais il y aura d'autres exemplaires, pour

qu'on les lise une fois la semaine à toutes les Sœurs réunies au temps que la Mère prieure ordonnera et que chaque Sœur puisse bien les savoir par cœur; c'est là, en effet, ce qui doit leur rendre les plus grands services, avec l'aide de Dieu. On fera en sorte de les lire de temps en temps et, pour cela, il y en aura encore d'autres dans le monastère, afin que chaque Sœur puisse, quand elle le voudra, avoir ces Constitutions dans sa cellule.

L'aumône que le Seigneur nous enverra en argent se mettra toujours immédiatement dans le coffre à trois clés, à moins qu'il ne s'agisse que d'une somme qui ne dépasse pas de neuf à dix ducats, que l'on remettra à la clavière qu'il plaira à la prieure de désigner, et celle-ci les remettra à l'économe pour qu'elle fasse les dépenses fixées par la prieure. Chaque soir, avant qu'on ne sonne le silence, celle-ci rendra compte en détail des dépenses à la prieure ou à la dite clavière. Le compte vérifié, on marquera dans le livre du couvent la somme dont on rendra compte chaque année au Visiteur. *Deo gratias!*

Les disciplines qu'on prendra sont fixées en partie par l'Ordinaire qui les prescrit quand on

récite l'office de la férie; mais en Carême et en
Avent, ce sera chaque fois que l'office est de la
férie; et le reste du temps, le lundi, le mercredi
et le vendredi, quand ces jours-là on récite l'office de la férie. Néanmoins on la prendra, en
outre, tous les vendredis de l'année pour l'augmentation de la foi, pour les bienfaiteurs, pour
les âmes du purgatoire, pour les captifs et pour
ceux qui sont en péché mortel; elle durera pendant un *Miserere* auquel on ajoutera les oraisons
pour l'Église et les intentions susdites. Chaque
Sœur se donnera elle-même ces dernières disciplines au chœur après Matines. Les autres disciplines se prendront avec des verges, comme le
prescrit l'Ordinaire. Aucune Sœur ne pourra,
sans permission, prendre d'autres disciplines ou
faire d'autres pénitences.

# MANIÈRE DE VISITER
## LES MONASTÈRES DES RELIGIEUSES
### de l'ordre de Notre-Dame du Mont-Carmel

# MANIÈRE DE VISITER
# LES MONASTÈRES DES RELIGIEUSES
## DE L'ORDRE DE NOTRE-DAME DU MONT-CARMEL

## INTRODUCTION

Le P. Jérôme Gratien de la Mère de Dieu, qui fut Visiteur des Carmélites de la Réforme et leur premier provincial, était plein de confiance dans l'esprit de sagesse dont sainte Thérèse était douée. Aussi il lui demanda un jour des conseils pour le Visiteur des monastères des Carmélites (1). La Sainte obéit avec simplicité et composa le petit livre que nous publions.

L'autographe se trouve à la bibliothèque de l'Escurial. En 1883, il était photographié par les soins de don Herrero y Bayona, chanoine de Valladolid. Aussi, pour avoir le texte véritable, on n'est plus obligé de recourir à l'autographe lui-même ou à des copies.

(1) C'est lui-même qui le déclare dans une note à la *Vie de la Sainte*, par Ribera. — *Historia del Carmen descalzo.* — *Memorias Historiales*, l. N., n. 87.

La Sainte a dû composer ce petit *Manuel* après le mois de janvier 1580. Elle nous dit, en effet, au paragraphe 7 qu'il a fallu déposer quelques prieures. Or c'est dans une lettre de janvier 1580 à Marie de Saint-Joseph, prieure à Séville, qu'elle fait allusion à la prieure de Malagon et à la supérieure de Séville qu'il a fallu déposer. Aussi, à moins de preuves plus probantes que les nôtres, nous nous rangeons volontiers à l'opinion de M. de la Fuente, t. I, éd. 1861, qui place la composition de ce traité après le chapitre d'Alcala, 1581.

Ce petit traité est un vrai manuel où la Sainte précise en peu de mots au Père Gratien, son supérieur, les devoirs qui lui incombent comme Visiteur des monastères de Carmélites. Aussi, il ne peut manquer d'être utile, sinon nécessaire, à tous ceux qui doivent remplir le même office. Par ailleurs, les prieures et les simples religieuses ont tout intérêt à connaître quel est le rôle du Visiteur à leur endroit. C'est en se conformant les uns et les autres aux conseils si pleins de sagesse de la fondatrice, que le Visiteur et les religieuses, comprenant la gravité de la visite, pourront la rendre efficace. Ce manuel est donc de la plus haute importance pour la perfection des Monastères de Carmélites. Voilà pourquoi, comme nous l'avons dit à la page 7 de la préface du tome I de cette collection, nous sommes heureux d'en donner la traduction, avec la persuasion intime qu'il atteindra le but tant souhaité de la fondatrice.

JÉSUS !

Tout d'abord, je confesse l'imperfection de
mon obéissance au début de ce livre. Voilà une
vertu que je désire pratiquer au-dessus de tout,
et pourtant c'est pour moi une très grande mortification de m'y conformer; j'y trouve même
une très vive répugnance. Plaise à Notre-Seigneur
que j'écrive d'une façon quelque peu utile, car je
ne compte que sur sa miséricorde, et sur l'humilité de celui qui me commande, humilité qui
inclinera Dieu à manifester en moi son pouvoir,
sans s'arrêter à ma misère.

Il semble qu'il ne convient peut-être pas de
commencer par parler du temporel, et pourtant
je le regarde comme de la plus haute importance
pour donner une impulsion toujours plus grande
au spirituel. Il peut se faire qu'on ne le considère
pas ainsi dans les monastères qui ne possèdent
pas de revenus. Néanmoins, la bonne harmonie
entre ces deux points est nécessaire, et nous
devons en tenir compte pour le bon gouvernement
et la bonne direction.

Je suppose, en premier lieu, qu'il convient

souverainement au Supérieur de se conduire de telle sorte avec les religieuses qui lui sont soumises que, tout en se montrant affable pour elles et en leur témoignant un amour vrai, il leur donne à entendre que dans les choses substantielles il sera inflexible et ne cédera jamais à la flatterie. Il n'y a rien au monde qui nuise plus, selon moi, à un Supérieur que de laisser croire à ses inférieurs qu'ils peuvent le traiter d'égal à égal, surtout quand il s'agit de femmes ; car, si une fois elles viennent à comprendre que le Supérieur, vu sa bonté, passera par-dessus leurs fautes, ou changera d'avis pour ne pas leur causer de la peine, il lui sera bien difficile de les gouverner.

Il est très important qu'elles sachent qu'il y a un chef qui ne transige pas sur des points qui seraient la destruction de la vie religieuse, et un juge d'une telle rectitude qu'il leur donnera à entendre qu'il ne faiblira pas quand il s'agira de la plus grande gloire de Dieu et de la plus haute perfection, dût le monde s'anéantir. Il se montrera affable et bon tant qu'il comprendra qu'elles ne manquent pas sur ce point. S'il doit se montrer plein de compassion et les aimer comme il convient à un père, ce qui contribue beaucoup à les consoler et à ne pas les éloigner

de lui, il doit aussi être ce que je viens de dire.
Et si l'une de ces deux qualités venait à faire
défaut, il vaudrait incomparablement mieux que
le prélat manque de cette dernière que de la première.

Comme, en effet, les visites ne se font qu'une
fois l'an, dans le but de corriger les Sœurs avec
amour et de faire disparaître peu à peu les manquements, si les coupables comprennent qu'au
bout de l'année elles ne seront ni reprises ni
punies, elles continueront ainsi une année, puis
une autre ; la règle viendra à se relâcher de telle
sorte qu'on ne pourra plus y remédier, quand on
le voudra.

Sans doute la prieure peut être coupable, mais
quand les Sœurs sont portées au relâchement, on
aura beau en nommer une autre à sa place, on
verra combien la pente de notre nature est chose
difficile à réformer. C'est ainsi qu'on arrive peu
à peu et par de petits manquements à causer à
l'Ordre un mal irrémédiable ; et le prélat qui n'y
veillera pas à temps aura un compte terrible à
rendre à Dieu.

Mais je fais injure, ce semble, à ces monastères de la Vierge Notre-Dame, quand je parle
ainsi ; car, par la bonté de Dieu, ils sont bien éloi-
gnés de mériter cette rigueur. Toutefois, si je

m'exprime de la sorte, c'est dans la crainte que
le relâchement ne se glisse avec le temps, quand
on ne considère plus la ferveur des commence-
ments. Je vois par ailleurs que chaque jour,
grâce à Dieu, les Sœurs font des progrès; cependant, il y aurait peut-être dans quelque monastère un peu de relâchement si les prélats n'avaient
fait ce que je viens de dire, en usant de sévérité
pour remédier à certaines petites choses et déposer les prieures qu'ils voyaient négligentes dans
leurs offices.

C'est en particulier sur ce point qu'il faut laisser de côté toute compassion. Beaucoup de
Sœurs seront très saintes, tout en étant incapables d'être prieures, et il est nécessaire d'y remédier promptement. On ne sera pas offensé de
cette mesure, là où l'on s'applique tant à la mortification et à l'humilité. Mais si on l'était, ce
serait une preuve évidente que l'on n'est pas apte
à cet office. On ne saurait diriger des âmes dont
l'unique but est de tendre à la perfection, quand
on a soi-même si peu de vertu qu'on désire la
charge de prieure.

Le Visiteur, après s'être bien mis en présence
de Dieu, considérera la grâce qu'il apporte à ces
monastères, et veillera à ce qu'il ne s'en perde
rien par sa faute. Il rejettera loin de lui tous ces

sentiments de pitié qui seront presque toujours suggérés par le démon pour faire beaucoup de mal. De tels sentiments seraient la plus grande cruauté dont on puisse user vis-à-vis des inférieures.

Il n'est pas possible que toutes les Sœurs qui seront élues prieures aient les qualités requises pour cette charge. Dès que le Visiteur en aura connaissance, il ne laissera nullement s'écouler une année sans les déposer. Dans le courant de l'année elles ne pourront faire beaucoup de mal ; mais si on les laissait trois ans, elles pourraient bouleverser tout le monastère et habituer les Sœurs à de grandes imperfections. La mesure dont je parle est extrêmement importante. Malgré la peine que le Visiteur peut avoir à la prendre, parce que la prieure lui semble une sainte, et que ses intentions ne sont pas mauvaises, il fera effort sur lui-même pour ne pas la laisser dans son office. Je lui demande seulement cela pour l'amour de Notre-Seigneur. Quand il verra les Sœurs qui vont procéder à l'élection agir avec quelque prétention ou passion (plaise à Dieu qu'il n'en soit jamais ainsi !), il cassera l'élection et donnera à choisir pour prieure une Sœur d'un autre monastère ; car une élection faite avec passion ne pourra jamais porter d'heureux fruits.

Je ne sais si ce dont je viens de parler est quelque chose de temporel ou de spirituel. Le point par lequel je voulais commencer à traiter, c'est qu'on examine avec beaucoup de soin et d'attention le livre des dépenses et qu'on ne passe pas légèrement là-dessus. Il est surtout très important, dans les monastères qui ont des rentes, de régler les dépenses d'après les revenus, alors même qu'il y aurait un peu de gêne. Grâce à Dieu, tous ceux qui sont dans ce cas ont des revenus suffisants, et ils peuvent très bien marcher, si on dépense avec mesure. Sans cela, on commence à s'endetter et on court peu à peu à la ruine. Il pourra paraître inhumain aux Visiteurs, s'il s'agit d'une grande nécessité, de ne pas laisser chaque Sœur jouir du fruit de son travail, ni recevoir de ses parents quelques secours ou choses de ce genre. Ces abus n'existent pas maintenant, mais j'aimerais incomparablement mieux que le monastère où cela se passerait soit détruit que de le voir en arriver là. Voilà pourquoi j'ai dit que le temporel occasionne ordinairement de grands dommages au spirituel. Aussi ce point est-il très important.

Le Visiteur veillera avec soin à ce que les monastères qui vivent d'aumônes ne fassent pas de dettes. Si les Sœurs agissent avec foi et servent Dieu généreusement, elles ne manqueront de rien, pourvu qu'elles ne fassent pas de dépenses excessives.

Il examinera bien dans les uns et les autres la ration qu'on donne aux Sœurs, la manière dont on les traite et dont on a soin des malades. Il veillera à ce qu'on serve convenablement le nécessaire, car le Seigneur ne manquera jamais de le fournir, si la prieure a du courage et du savoir-faire, comme l'expérience l'a démontré.

Il examinera aussi dans les uns et dans les autres quel est le travail des Sœurs, et comptera ce qu'il leur rapporte. Cela lui servira pour un double but. D'abord pour les encourager et féliciter celles qui ont travaillé beaucoup, en second lieu pour raconter ce qu'elles gagnent aux autres monastères où l'on ne travaille pas autant parce que la nécessité est moindre. Car cette estime que l'on fait du travail, non seulement apporte un profit temporel, mais est très utile pour tout. Les Sœurs sont contentes de travailler, quand elles songent que le supérieur se rendra compte de ce qu'elles ont fait ; et si cette considération n'est pas très importante, il faut la passer à des femmes qui vivent dans une si étroite clôture. Leur unique consolation, en effet, est de faire plaisir à leur supérieur, qui parfois doit se mon-

trer plein de condescendance pour leurs faibles-
ses.

Il s'informera s'il y a des approvisionnements
superflus. Cela est surtout nécessaire dans les
monastères qui ont des rentes et qui peuvent en
faire plus que les autres. Des choses de ce genre,
qui semblent de peu d'importance, sont généralement une cause de ruine pour les monastères.
Quand les prieures aiment à dépenser et à faire
des dons, elles s'exposent par leurs libéralités à
laisser les Sœurs manquer du nécessaire pour
vivre, comme on le voit dans certaines maisons.
Il faut donc que les dépenses et les aumônes
qu'on peut donner soient en rapport avec la
rente, comme aussi fixer une règle et une mesure
en tout.

On ne doit pas laisser bâtir des monastères
somptueux, ni permettre qu'on s'endette pour
faire de nouveaux travaux en agrandissements,
à moins d'une grande nécessité. On devrait pour
cela commander qu'on ne fasse rien sans en
aviser le Supérieur et lui exposer de quelles
ressources on dispose. Il verrait alors s'il doit
accorder la permission ou la refuser. Ceci ne
s'entend pas des choses de peu d'importance qui
ne peuvent amener de grands inconvénients.
Mais il est mieux de souffrir l'incommodité

d'une maison qui n'est pas parfaite, que de perdre la paix, de mal édifier le prochain en contractant des dettes et de manquer de quoi vivre.

Il importe beaucoup de ne jamais omettre de visiter tout le monastère pour se rendre compte du recueillement qui y règne. Il est bon, en effet, d'éloigner les dangers et de ne pas se fier aux marques extérieures de sainteté, si grandes qu'elles soient, car on ne sait pas l'avenir. Ainsi il faut prévoir tout le mal qui pourrait arriver, afin, je le répète, de se prémunir contre les occasions. Le visiteur examinera en particulier si le parloir a ses deux grilles, l'une en dedans, l'autre en dehors, et si elles sont de telle sorte l'une et l'autre que la main ne puisse y passer; cela est très important. Il examinera, en outre, les confessionnaux, qui doivent avoir des toiles clouées, la fenêtre de communion, qui doit être petite; quant à la porterie, elle doit avoir deux verrous et la porte de clôture deux clés, comme le prescrivent les actes, l'une gardée par la portière et l'autre par la prieure. Je sais que les choses se passent partout de la sorte; mais j'en parle ici, pour qu'on ne l'oublie point. Ce sont là des choses auxquelles il faut toujours veiller; les Sœurs verront qu'on y fait attention et s'appliqueront à ne pas y apporter de négligence.

Il importe beaucoup de prendre des informations sur le chapelain et sur le confesseur. Il
demandera s'ils n'ont avec les Sœurs que les
rapports nécessaires. Il interrogera très particu-
lièrement sur ce point les religieuses et se rendra
compte du recueillement où est le monastère. Si
une Sœur a quelque tentation, il l'entendra
volontiers, bien qu'elle s'imagine souvent ce qui
n'est pas et l'exagère ; mais il peut consulter les
autres pour savoir la vérité et leur imposer le
précepte de répondre. Il corrigera alors sévèrement la faute, et cette leçon empêchera toutes les
autres d'y tomber dans la suite.

Lorsqu'une Sœur dénoncera des minuties, où
la prieure n'est nullement en faute, ou usera
d'exagération dans ses dépositions, on devra la
punir sévèrement, on lui donnera à entendre l'a-
veuglement où elle est afin que la communauté
ne soit pas dans le trouble. Si elle voit que sa
démarche ne lui sert de rien et qu'on sait à quoi
s'en tenir sur son compte, elle restera tranquille.
Quand, en effet, il s'agit de choses légères, il
faut toujours prendre le parti de la Supérieure,
tout en corrigeant les fautes qu'on découvre.
C'est un grand point pour la quiétude des inférieures de leur inspirer la simplicité d'une parfaite obéissance. Le démon pourrait tenter quel-

qu'une d'entre elles et lui faire croire qu'elle s'y
entend mieux que la prieure; elle s'attacherait
toujours à remarquer des choses de peu d'importance et se causerait à elle-même un préjudice
grave. Un Supérieur prudent saura découvrir ce
point pour faire du bien aux Sœurs. Toutefois,
si elles sont mélancoliques, il ne manquera pas
de difficultés. Avec celles-là, il ne montrera point
de condescendance ; car si elles s'imaginent
obtenir de lui quelque chose, elles ne cesseront
de l'importuner et n'auront point de repos pour
cela. Il doit toujours leur faire comprendre
qu'elles seront punies. Aussi faut-il pour cela
qu'il favorise la prieure.

Si par hasard quelque Sœur parle de changer
de monastère, il lui répondra de manière à lui
faire comprendre que cela ne lui sera jamais
possible, ni à elle ni aux autres. Personne ne
s'imaginera, s'il ne les a vus de ses yeux, les graves inconvénients qu'il y a et toutes les tentations
auxquelles le démon est capable de les porter
quand elles croient pouvoir changer de monastère, à cause des grandes raisons qu'elles veulent
donner pour cela. S'il a besoin de les changer de
monastère, il ne leur en dira rien; il ne leur
laissera pas croire, non plus, qu'il les change
parce qu'elles l'ont voulu. Il saura mettre en

avant d'autres prétextes, car ces religieuses ne seront en paix nulle part et causeront un grand tort aux autres. Il les préviendra que le Supérieur n'aura jamais confiance pour quoi que ce soit dans une religieuse qui veut changer de monastère, et que, malgré les raisons qu'il aurait de la changer, soit à cause d'une nécessité ou d'une fondation, il ne le ferait pas, pour ce seul motif qu'elle le désire. Ce serait même bien d'agir ainsi; car ces tentations ne viennent qu'aux mélancoliques ou aux Sœurs d'une humeur telle qu'elles ne peuvent rendre beaucoup de services Il devrait peut-être même, avant qu'aucune Sœur ne manifeste un désir de cette sorte, montrer dans quelque instruction combien cette disposition est défectueuse et la mauvaise impression qu'il éprouverait s'il voyait cette tentation chez l'une d'elles. Il leur en exposerait les motifs et leur dirait que désormais aucune Sœur ne peut changer de monastère, car les raisons qu'il y avait pour cela n'existent plus.

Il cherchera à savoir si la prieure n'a pas quelque amitié particulière pour une Sœur et fait plus pour elle que pour les autres. Toutefois il ne s'en préoccupera pas s'il n'y a pas d'excès, car les prieures ont toujours besoin de traiter davantage avec celles qui sont plus entendues et ont plus de prudence. Mais comme notre nature ne nous laisse pas nous connaître pour ce que nous sommes, chaque Sœur s'imagine avoir assez de qualités pour aider la prieure. Le démon peut ainsi en tenter quelques-unes. Là où les rapports avec le dehors ne fournissent pas de grandes occasions, il leur suscitera les petites difficultés du dedans pour y entretenir toujours la guerre. Elles auraient du mérite à résister, mais elles croiront que celle-ci ou celle-là dirige la prieure. Il faut veiller à modérer de tels rapports s'il y a quelque excès, car c'est là une grande tentation pour les faibles. On ne peut pas cependant l'empêcher d'avoir des rapports spéciaux avec les Sœurs qu'il lui sera nécessaire de consulter. De son côté, elle devra toujours prendre un grand soin de n'avoir rien de particulier avec aucune d'entre elles. D'ailleurs cette ligne de conduite se voit tout de suite.

Il y a des Sœurs tellement parfaites, selon leur sens, qu'elles voient des fautes partout chez les autres : or ce sont toujours celles qui en ont le plus, mais elles ne le reconnaissent pas. Elles font tout retomber sur la pauvre prieure ou leurs compagnes; aussi elles peuvent égarer un Supérieur et le pousser à corriger une chose qui est bien. Il ne faut donc pas s'en rapporter à une

seule, comme je l'ai dit, quand il s'agit de réformer quelque point, mais prendre des informations auprès des autres. Là où la vie est si aus-
tère, ce serait une chose insupportable, si tous
les Supérieurs venaient à chaque visite imposer
dè nouveaux préceptes. C'est là un point très
important.

Voilà pourquoi le prélat ne laissera aucun
règlement nouveau, à moins qu'il ne s'agisse de
chose grave, et encore devra-t-il préalablement
bien prendre ses informations près de la prieure
elle-même et des autres Sœurs sur ce qu'il veut
corriger; il leur demandera préalablement
comment la chose se passe et pourquoi elle se
passe ainsi; sans cela on arriverait à tant les
surcharger qu'elles se trouveraient impuissantes
à porter le fardeau et laisseraient les points
importants de la règle.

Le point sur lequel le Supérieur doit insister
est celui qui concerne la fidélité à garder les
Constitutions. Si une prieure ose les violer pour
des motifs futiles, ou s'en faire une habitude,
parce que ceci ou cela lui paraît de peu d'importance, elle causera, je puis l'assurer, un très
grand tort au monastère comme l'expérience le
montrera, bien que cela ne paraisse pas au
début. C'est là le motif pour lequel il y a des

monastères, et même des ordres religieux, qui sont si relâchés dans certaines contrées. Ils ont attaché peu d'importance à de petites choses et ils sont tombés insensiblement dans de très grands abus.

Le Visiteur recommandera avec soin à toutes les Sœurs en commun de le prévenir quand il y aura, dans le monastère, des fautes de ce genre. Une fois instruit de ces fautes, il punira sévèrement la Sœur qui ne l'aura pas prévenu. Par ce moyen, on inspirera de la crainte aux prieures, et elles se tiendront sur leurs gardes. Il est nécessaire de ne pas se montrer faible avec elles, qu'elles, en éprouvent de l'ennui ou non, et de leur donner à entendre qu'on en usera toujours ainsi ; car le but principal pour lequel elles ont été nommées prieures est de faire observer la Règle et les Constitutions, et non d'en retrancher ou d'y ajouter quoi que ce soit à leur fantaisie, Elles sauront qu'il y a des Sœurs qui la surveillent et qui sont prêtes à prévenir le Supérieur. Je regarde comme impossible qu'une prieure qui est peinée de voir ses démarches connues du Supérieur puisse bien remplir son office. C'est un signe qu'elle ne va pas très droit dans le service de Dieu, si elle ne veut pas être connue de celui qui en tient la place. Voilà pourquoi le Supérieur

examinera avec soin s'il y a de la simplicité et
de la candeur dans les rapports qui lui sont faits.
S'il n'en trouvait pas, il donnerait un blâme
sévère, s'appliquerait à suggérer les dispositions
dont je viens de parler à la prieure et aux autres
officières, ou bien il prendrait d'autres moyens
pour cela. Bien que les Sœurs, en effet, ne disent
pas de mensonges, elles peuvent cacher certaines
choses; or il n'est pas juste que le Supérieur qui
doit diriger notre vie, ne soit pas au courant de
tout. Le corps aurait beaucoup de peine à bien
agir sans la tête; il en serait de même d'une
communauté qui n'indiquerait pas au Supérieur
quel mal il doit corriger.

Je termine ces réflexions en disant que, si on
garde bien les Constitutions, tout marchera sans
difficulté. Si, au contraire, on n'y veille pas avec
soin, comme à la règle, les visites dont le but est
de les maintenir serviront de peu, ou bien il
faudrait changer les prieures et même les Sœurs,
dans le cas où une coutume opposée se serait
déjà introduite, ce qu'à Dieu ne plaise! on met-
trait à leur place des religieuses fidèles à accomplir leurs saints engagements. Ce serait un nouveau monastère, ni plus ni moins, qu'on fonde-
rait; on placerait chaque Sœur dans une maison
à part. Une ou deux d'entre elles ne pourraient

pas faire grand tort à un couvent bien régulier.

Voici une remarque nécessaire. On pourra rencontrer des prieures qui demandent des permissions pour des choses opposées aux Constitutions. Elles appuieront leurs suppliques sur des raisons qui, à leur point de vue, seront excellentes; car elles ne verront peut-être pas plus loin, ou bien elles voudront donner à entendre au Supérieur que cela convient. Il s'agira encore de choses qui, sans être contre la Constitution, seraient cependant de nature à causer du préjudice si on les approuvait. Comme le Supérieur n'est pas là. il ne voit pas les inconvénients de ce qu'on lui demande; et nous savons bien faire valoir les raisons de ce que nous désirons obtenir. Aussi, le mieux est de n'ouvrir la porte à aucune nouveauté et de se conformer à la manière dont les choses vont maintenant; car elles vont bien, comme on le constate et comme l'expérience le montre. Le certain vaut mieux que l'incertain. Aussi, dans les cas de cette sorte, le Visiteur doit montrer de la fermeté, ne pas se troubler s'il refuse son consentement, garder cette liberté dont j'ai parlé au début et un saint empire sur lui-même, ne se soucier pas plus de contenter que de mécontenter les prieures et les Sœurs dans les points qui pour-

raient avec le temps amener quelque inconvé-
nient; il suffit qu'il s'agisse d'une nouveauté,
pour ne pas l'introduire.

Quant aux permissions de recevoir les postulantes, il est extrêmement important que le Supérieur ne les donne pas sans s'être fait remettre
un rapport détaillé et sans prendre par lui-même,
si c'est possible, des informations sur les sujets.
Car il pourra se trouver des prieures si désireuses
de les recevoir qu'elles se contentent de peu.
Comme elles en veulent et se disent bien infor-
mées, les inférieures se rangent presque toujours
à leur avis; or, l'amitié, la parenté ou d'autres
vues humaines peuvent incliner la prieure vers
une postulante; elle s'imaginera bien faire, tout
en étant dans l'erreur.

C'est avant de recevoir les sujets qu'on peut
prévenir tout abus. Une très grande prudence est
nécessaire aussi pour les admettre à la profession.
Durant la visite, le Supérieur demandera s'il y
a des novices et ce qu'elles sont, afin de savoir,
au temps voulu, s'il doit ou non autoriser la profession. Il pourrait arriver, en effet, que la prieure
fût bien avec la novice, ou qu'elle fût même de
sa parenté; et les Sœurs n'oseraient pas lui dire
leur manière de voir, tandis qu'elles s'en ouvri-
raient au Supérieur. Voilà pourquoi il sera bon,

quand on le pourra, de retarder la profession jusqu'à l'époque de la visite, si elle n'est pas éloignée. Le Supérieur pourrait même, s'il le juge bon, dire aux Sœurs de lui envoyer leur vote secret comme pour une élection. Il est tellement important de ne rien laisser au monastère qui soit capable de les troubler ou inquiéter pour le reste de leur vie que toutes les diligences pour atteindre ce but seront bien employées.

Quant aux Sœurs converses, il faut bien prendre garde à ce que l'on fait lorsqu'on les reçoit. Presque toutes les prieures sont désireuses d'en avoir beaucoup. Elles chargent ainsi le monastère et prennent même parfois des sujets qui ne peuvent guère travailler. Il est donc indispensable de ne pas céder immédiatement aux prieures, à moins d'une notable nécessité, et de prendre des renseignements sur les converses du monastère; comme, en effet, le nombre n'en est pas fixé (1), on pourrait causer un grand préjudice si on n'agissait pas avec prudence.

On devrait toujours veiller à ne pas compléter le nombre des Sœurs dans chaque monastère, mais à laisser quelques places libres. Sans cela

(1) Ce nombre a été fixé plus tard par la Constitution.

on ne pourrait recevoir une postulante dont l'admission serait avantageuse. Quant à dépasser le nombre, il n'y faut consentir en aucune manière; ce serait ouvrir la porte à des abus et il ne s'agit de rien moins que de la ruine de nos maisons. Aussi mieux vaut sacrifier le bien de l'une d'elles que de nuire à toutes les autres. On pourrait faire passer une Sœur à un monastère où le nombre n'est pas complet, afin de laisser sa place libre pour une postulante, et si cette Sœur avait apporté quelque dot ou aumône, on la lui-remettrait, puisqu'elle s'en va pour toujours; de la sorte tout s'arrangerait. Mais, en dehors de cette combinaison, qu'on ne se préoccupe pas de la perte qu'on fera, et qu'on n'introduise pas un abus si préjudiciable pour toutes les Sœurs. Voilà pourquoi, quand on lui demandera une permission, le Supérieur devra s'informer du nombre des Sœurs, pour voir ce qu'il convient de faire. Dans une question de cette importance, il ne doit pas se fier aux prieures.

Il devra demander, en outre, si les prieures augmentent les prières et les pénitences qui sont déjà prescrites; car chacune d'elles pourrait ajouter à sa fantaisie des choses spéciales et se rendre par là si ennuyeuse, que les Sœurs, étant surchargées, viendraient à en perdre la santé et seraient

incapables de remplir ce à quoi elles sont obligées. Je ne parle pas ici des circonstances nécessaires qui se présenteraient un jour ou l'autre;
mais quelques prieures pourraient manquer tellement de prudence qu'elles s'en feraient pour
ainsi dire une coutume, comme cela arrive ordinairement, et les Sœurs n'oseraient rien dire,
parce qu'elles croiraient montrer peu de dévotion.
D'ailleurs il ne leur convient pas de s'en ouvrir,
si ce n'est au Supérieur.

Le Visiteur examinera ce qu'on récite et ce
qu'on chante au chœur. Il demandera si l'office
se dit posément et si le chant est exécuté sur un
ton bas, comme il convient à notre profession,
et est de nature à édifier les fidèles. Le chant exécuté sur un ton élevé donne lieu à deux inconvénients : l'un de paraître disgracieux, quand on
ne va pas en mesure; l'autre de faire perdre la
simplicité et l'esprit de notre manière de vivre.
Si on n'insiste pas sur ce point, il y aura de l'excès et on ne donnera pas de dévotion aux fidèles
qui écoutent. Il vaut mieux manifester de la
mortification par nos voix que de donner à supposer que nous recherchons à nous faire remarquer des auditeurs. Ce défaut est presque général, et il semble déjà impossible d'y remédier,
tant la coutume est introduite. Aussi est-il néces-

saire d'appuyer fortement sur ce point (1).

Lorsque le Visiteur prescrira certaines choses importantes, il sera très utile qu'il commande au nom de l'obéissance à une Sœur, en présence de la prieure, de lui écrire si ses ordres ne sont pas exécutés. La prieure saura ainsi que la Sœur ne peut pas se dispenser d'obéir. De la sorte le Supérieur serait pour ainsi dire présent, et la prieure veillerait avec plus de soin et d'attention à ne tomber dans aucun excès.

Ce serait une excellente chose, avant de commencer la visite, de bien expliquer quel grand mal c'est pour les prieures de montrer mauvaise grâce aux Sœurs qui révéleront au Supérieur les fautes dont elles la croient responsable, alors même qu'elles n'en auraient pas l'assurance ; elles sont d'ailleurs obligées en conscience de dire ce qu'elles croient ; et là où règne la mortification, si ce qui devrait contenter la prieure, parce qu'on l'aide ainsi mieux à remplir son office et à bien servir Notre-Seigneur, est cause, au contraire, qu'elle regarde les Sœurs d'un mauvais œil, c'est un signe évident qu'elle n'est pas faite pour les diriger. Ses inférieures n'oseront plus rien dire

(1) Ce paragraphe est en conformité avec celui de la Constitution sur le chant.

une autre fois, elles s'imagineront qu'après le départ du Visiteur, elles seront dans la peine, et ainsi le relâchement pourra se généraliser. Pour veiller à ce point, il ne se fiera pas aux prieures, si saintes qu'elles soient. Vu la faiblesse de notre nature, le démon, n'ayant point d'autre moyen de nous nuire, redoublera d'audace, afin d'essayer de gagner par ici ce qu'il perd par ailleurs.

Il convient extrêmement au Visiteur de garder le plus grand secret en tout, afin que celle qui l'a prévenu ne soit point connue de la prieure; car, comme je l'ai dit, elles sont encore sur la terre; n'aurait-on point d'autre motif pour cela, on épargnerait quelque tentation; mais à plus forte raison doit-on agir ainsi quand on peut éviter de nombreux inconvénients.

Si ce qu'on dit sur le compte de la prieure n'a pas d'importance, le Visiteur peut, par quelque moyen habile, donner son avis sans laisser soupçonner que les Sœurs lui en ont parlé. Plus il pourra donner à entendre que les Sœurs ne lui disent rien, mieux ce sera. Cependant quand il s'agit de choses importantes, mieux vaut y apporter remède que de ne point déplaire à la prieure.

Il est très important que le Visiteur s'informe s'il arrive quelque argent à la prieure à l'insu des

clavières, car elle pourrait en garder sans qu'on
le sache et cependant elle ne doit rien avoir et se
conformer à la Constitution. On devra aussi veiller à cela dans les monastères qui vivent d'aumônes, j'ai dû en parler déjà et bien d'autres choses se trouvent répétées ; mais comme plusieurs
jours se sont écoulés depuis lors, j'en ai perdu le
souvenir et, pour ne point perdre le temps à me
relire, j'en parle de nouveau ici.

C'est une grande fatigue pour le Supérieur de
s'occuper de tant de petits détails ; mais ce serait
un plus terrible chagrin pour lui si, après ne l'a-
voir pas fait, il constatait des abus. Cette ligne
de conduite, je le répète, est nécessaire, quelque
saintes que soient les Sœurs. Néanmoins la chose
principale, comme je l'ai dit au commencement,
pour gouverner des femmes, est de leur faire comprendre qu'elles ont un chef qui ne se laissera
influencer par aucune considération humaine,
mais qui veillera avec soin au maintien et à la
pratique de tout ce qui concerne notre sainte profession et qui punira les fautes. On doit constater qu'il s'occupe de cela avec zèle dans chaque
monastère. Non seulement il doit faire la visite
chaque année, mais être au courant de ce que les
Sœurs font chaque jour. A cette condition la
perfection, loin de diminuer, ira au contraire

en augmentant, car les femmes en général aiment
à être bien vues et sont craintives.

Ce que je viens de dire est important pour
qu'on se tienne sur ses gardes. Parfois, quand
cela sera nécessaire, il ne faudra pas se contenter de paroles, mais agir; et alors la leçon donnée à une Sœur servira à toutes les autres. Si,
par pitié, ou d'autres considérations, on suivait
une ligne de conduite opposée dans ces commen-
cements où il y aura peu à sévir, on serait forcé
plus tard d'user de plus de rigueur; cette bonté
deviendrait une très grande cruauté, et le Supérieur aurait un terrible compte à rendre à Dieu,
Notre-Seigneur.

Il y a des Sœurs tellement simples qu'elles se
croiront très coupables si elles dévoilent les fautes de leurs prieures dans des choses qu'il faut
corriger. Bien qu'elles regardent cela comme un
acte répréhensible. il faut les instruire de ce
qu'elles doivent faire. On leur recommandera
aussi de prévenir d'abord en toute humilité la
prieure quand elles la voient manquer à la Constitution ou à certaines choses importantes. Il se
peut qu'elle n'ait commis aucune faute, et que
ces mêmes Sœurs, par suite d'un mécontentement, aillent ensuite l'accuser. Il y a beaucoup
d'ignorance chez les Sœurs. Elles ne savent pas

comment se diriger lors de la visite; voilà pourquoi le Supérieur est tenu d'être prudent pour leur donner des avis et les instruire.

Il devra nécessairement s'informer de ce qui se passe avec le confesseur, non pas seulement près d'une Sœur ou de deux, mais près de toutes, et savoir l'autorité qu'on lui donne: car le confesseur n'est pas vicaire (1) du monastère et il ne doit pas l'être, et si on ne lui a pas donné cette charge, c'est pour qu'il n'en ait pas l'autorité. Les Sœurs n'auront avec lui que des rapports très modérés; moins elles en auront, mieux ce sera. Quant aux présents et aux paroles de compliment, on lui en adressera très peu, et qu'on y veille bien; car on ne pourra pas toujours s'en dispenser, mieux vaut lui payer un peu plus que l'office de chapelain que d'avoir un tel souci et de donner entrée à une foule d'inconvénients.

Le Visiteur devra aussi prévenir les prieures de n'être pas trop libérales ni trop généreuses, et de considérer qu'elles sont tenues de regarder aux dépenses; car elles ne sont pas plus qu'un majordome. Elles ne doivent pas dépenser comme s'il s'agissait d'un bien propre, mais raisonnablement, avec soin et sans excès. Si, d'un côté

(1) C'est-à-dire *Supérieur*.

elles ne doivent pas mal édifier, de l'autre elles
sont tenues en conscience de se conduire ainsi
pour veiller à la garde du temporel, et de ne rien
s'attribuer de plus que toutes les autres : j'excepte
quelque clé pour les écritures et un bureau pour
y mettre leurs papiers ou leurs lettres, surtout
les lettres où sont renfermés les avis des Supérieurs ou choses semblables ; il est juste qu'on
tienne cela secret.

Le Supérieur examinera si l'habit et la coiffure
sont conformes à la Constitution. S'il arrive un
jour, ce qu'à Dieu ne plaise ! qu'il découvre
quelque chose qui sente la recherche ou ne soit
pas d'une grande édification, il le fera brûler en
sa présence. Par là il inspirera aux Sœurs une
crainte salutaire ; elles se corrigeront et trans-
mettront le souvenir de ce fait à celles qui viendront dans la suite.

Il examinera, en outre, si leur conversation
est simple, ouverte et religieuse, plus conforme
à la vie des ermites et des personnes retirées
dans la solitude qu'à celle qui reproduit ce qu'on
appelle, je crois, les nouvelles et les minauderies
qu'emploient toujours les gens du monde.
Qu'elles se glorifient même d'avoir un langage
imparfait plutôt que recherché.

Il s'appliquera, autant que possible, à ce

qu'elles n'aient pas de procès ; le Seigneur leur donnera par ailleurs ce qu'elles perdraient en cédant de leurs droits. Il les stimulera toujours à accomplir ce qu'il y a de plus parfait et ordonnera qu'on ne commence ni ne poursuive aucun procès, sans en aviser le Supérieur et sans avoir sa permission spéciale.

Il leur recommandera de regarder, quand elles reçoivent des postulantes, plutôt à leurs qualités qu'à leur dot, de ne se laisser guider par aucun intérêt humain, de se conformer aux Constitutions et de veiller en particulier à ce qu'il n'y ait pas de défaut extérieur.

Les Supérieurs qui viendront plus tard devront imiter nécessairement ce que fait maintenant le prélat (1) que le Seigneur nous a donné. Je lui ai emprunté bien des réflexions que je marque ici, et surtout la suivante en voyant comment il s'acquitte de la visite de nos monastères. Le Supérieur n'aura pas plus de rapports avec une Sœur en particulier qu'avec toutes, soit pour lui parler seul à seule, soit pour lui écrire. Il montrera à toutes une même affection, comme le doit un vrai père. Car le jour où il aurait une amitié particulière pour une Sœur, cette amitié

(1) Le Père Gratien.

serait-elle comme celle de saint Jérôme et de sainte Paule, il n'échapperait pas plus qu'eux à la critique; il porterait tort non seulement au monastère de cette Sœur mais à tous les autres. Le démon le ferait aussitôt divulguer pour en tirer quelque profit. D'un autre côté, vu nos péchés, le monde est si méchant sur ce point qu'il en résulterait de nombreux inconvénients, comme on le voit maintenant. Par là même aussi, le supérieur est moins estimé; on lui refuse cette affection que toutes auront toujours pour lui s'il est tel qu'il faut, comme celui que nous avons maintenant; car elles s'imaginent alors qu'il réserve la sienne pour un seul monastère.' C'est un grand avantage pour lui d'être très aimé de toutes. Ce que je viens de dire ne s'entend pas de certaines occasions nécessaires qui peuvent se présenter, mais de choses notables et excessives.

Il veillera, quand il entrera dans la maison, je veux dire le monastère, pour visiter la clôture, comme il doit le faire toujours, à bien examiner, je le répète, tout l'intérieur et à être constamment avec son compagnon, la prieure et quelques Sœurs. Il ne restera point à prendre son repas dans le monastère, même le matin, malgré toutes les supplications des religieuses; mais il s'appliquera à remplir le but pour lequel il est entré, et sortira aussitôt. S'il faut parler, il est mieux qu'il aille à la grille. Bien que cela pût se faire en toute bonté et simplicité, ce serait ouvrir la porte aux inconvénients qui arriveraient peut-être plus tard avec un autre auquel il ne conviendrait pas de donner autant de liberté ou qui en voudrait davantage. Plaise à Notre-Seigneur de ne pas le permettre, et que ce point, ainsi que tous les autres, soient toujours observés avec autant .d'édification que maintenant ! *Amen. Amen.*

Le Visiteur ne permettra pas d'excès dans les mets qu'on lui donnera les jours où il fera la visite. On lui servira ce qui est convenable. S'il voit autre chose, il en fera sévèrement la réprimande. L'excès ne convient pas à la profession du Supérieur qui est d'être pauvre, ni à celle des religieuses. Cela d'ailleurs ne servirait de rien, puisque les Supérieurs mangent seulement ce qui leur suffit, et ne serait pas édifiant de la part des Sœurs.

Pour le moment, y aurait-il de l'excès sur ce point, qu'il serait difficile, à mon avis, d'y remédier. Car le Supérieur que nous avons ne remarque pas si on lui donne peu ou beaucoup, bon ou mauvais ; je ne sais s'il s'en apercevrait, à moins qu'il n'y apporte un soin tout particulier. Il veille beaucoup à être seul, et sans son compagnon, pour entendre les Sœurs au scrutin (1); car il ne veut pas lui laisser connaître les fautes qu'elles auraient peut-être commises. Cette conduite est excellente pour qu'on ne sache pas les petites imperfections des religieuses, s'il y en a quelqu'une. A l'heure présente, grâce à Dieu, les inconvénients seraient peu de chose, car notre prélat regarde tout comme un père, et comme tel il le garde pour lui. Dieu lui découvre l'importance de l'affaire, parce qu'il tient sa place. Celui qui ne la tient pas donnerait peut-être une grande importance à ce qui n'est rien; comme cela le touche moins, il ne veillerait pas autant à garder le secret, et ainsi le monastère viendrait à perdre de sa bonne réputation sans raison aucune. Plaise à Notre-Seigneur que les Supérieurs pèsent bien les motifs qu'ils ont d'agir toujours comme je l'ai dit!

Il ne convient pas au Supérieur de montrer qu'il aime beaucoup la prieure, ni qu'il est bien

(1) Il ne s'agit pas ici du scrutin qui a lieu aux élections, mais du scrutin qui se fait lors de la visite régulière, lorsque le Supérieur interroge chacune des Sœurs en secret, pour se rendre compte de la marche de la Communauté.

avec elle, au moins en présence de toutes les
Sœurs, car cela pourrait les intimider et elles
n'oseraient lui dévoiler ses fautes. Qu'il sache
combien il lui est nécessaire de leur faire comprendre qu'il ne la disculpera pas, et qu'il lui
adressera des réprimandes, s'il y a lieu. Il n'y a
pas, en effet, de désolation plus grande pour une
âme qui a le zèle de la gloire de Dieu et de son
Ordre, qui souffre de le voir pencher vers sa
ruine et attend la visite du prélat afin d'y remédier, que de constater ensuite que les choses
demeurent dans le même état. Elle se tourne
alors vers Dieu et prend le parti de ne plus rien
dire, alors même que tout viendrait à s'écrouler,
puisque ses démarches servent de si peu. Les
pauvres Sœurs ne sont entendues qu'une fois
quand on les appelle au scrutin de la visite. Les
prieures, au contraire, ont beaucoup de temps
pour se disculper, faire valoir leurs raisons et
dissimuler le nombre de leurs manquements,
faire passer peut-être pour passionnée la pauvre
Sœur qui les a accusées. Elles arrivent en effet à
comprendre à peu près quelle est celle qui a fait
le rapport au Supérieur, bien que celui-ci ne le
dise pas. Comme le Supérieur ne saurait être
témoin de cela, il ne peut, ce semble, à la façon
dont la prieure lui explique les choses, s'empê-

cher de les croire; et tout demeure comme c'était avant la visite. S'il lui était donné d'en être témoin, il arriverait à la longue à connaître la vérité. Les prieures ne croient pas mentir, mais vu notre amour-propre, il est bien rare que nous nous rejetions la faute et que nous nous connaissions. Je l'ai constaté plusieurs fois chez des prieures qui étaient de grandes servantes de Dieu. Je leur donnais tant de crédit que je ne pouvais m'empêcher d'ajouter foi à leurs paroles. Après avoir passé quelques jours dans leur monastère, j'étais étonnée de constater. en certaines choses importantes, tout le contraire de ce qu'elles m'avaient dit. Je vis qu'il y avait de la passion, et presque la moitié des Sœurs étaient de mon avis; c'était la prieure qui ne se comprenait pas elle-même, comme elle en convenait ensuite.

Le démon, n'ayant pas beaucoup d'occasions de tenter les Sœurs, tente, je pense, la prieure pour lui donner quelque opinion défavorable de ses inférieures. Il y a vraiment de quoi louer Notre-Seigneur en voyant comment celles-ci supportent tout. Aussi j'ai pris le parti de ne croire à aucune prieure jusqu'à ce que je sois bien informée, afin de détromper celle qui est dans l'illusion; sans cela on apporte difficilement un remède efficace. Il ne s'agit pas toujours de cho-

ses graves, mais les petites choses conduiraient
aux grandes si l'on n'y veillait avec prudence.

Je suis étonnée quand je vois . avec quelle
habileté le démon fait croire à chaque Sœur
qu'elle dit la plus grande vérité du monde. Voilà
pourquoi, je le répète, le Supérieur ne doit ajouter une foi entière ni à la prieure, ni à une Sœur
en particulier, mais prendre de plus amples im-
formations, quand il s'agit d'une chose importante, afin de bien réussir à tout arranger. Plaise
au Seigneur d'y pourvoir de son côté. en nous
donnant toujours un Supérieur prudent et saint!
Si le Supérieur est tel, sa Majesté lui donnera la
lumière pour réussir en tout et nous connaître. Alors tous nos monastères seront bien gou-
vernés et les âmes grandiront en perfection à
l'honneur et à la gloire de Dieu.

Je vous supplie, mon Père, en retour de la mortification que j'ai eue à composer ce travail, de
vous imposer celle d'écrire quelques avis pour
les Visiteurs. Si j'ai réussi à en donner de bons,
vous pourriez les disposer avec plus d'ordre, et
cela serait utile. Je vais me mettre à achever le
récit des *Fondations* auquel on joindrait ces avis
qui rendraient un très grand service. Cependant,
il ne se rencontrera pas, je le crains, un autre
Supérieur aussi humble que celui qui m'a com-

mandé de les écrire et qui veuille s'en servir. Mais il ne pourra s'en dispenser, si Dieu le veut, car la visite de nos monastères qu'il ferait, comme c'est la coutume dans l'Ordre, ne porterait sans cela que bien peu de fruit. Peut-être même serait-elle dans ce cas plus nuisible que profitable. D'ailleurs il y a bien d'autres conseils à suivre que ceux-ci, conseils dont je n'ai pas l'intelligence ou le souvenir. C'est au début seulement qu'il faudrait procéder avec la plus grande prudence ; car on verrait comment la visite doit se faire, et le gouvernement des monastères deviendrait facile.

Veuillez, mon Père, ne rien négliger de ce qui dépend de vous pour écrire ces avis dont j'ai parlé, conformément à la manière dont vous procédez en ce moment. Notre-Seigneur dans sa miséricorde pourvoira au reste, et tiendra compte du mérite de ses fidèles servantes ; car leur but est de réussir à le glorifier en tout ; et elles ne demandent pour cela qu'à être éclairées.

# POÉSIES

# INTRODUCTION

Sainte Thérèse a composé des poésies, ainsi qu'elle
le déclare au livre de sa *Vie* (1) et dans sa lettre du
2 janvier 1577 à son frère, don Laurent (2). C'est au
sortir de l'oraison, à la récréation ou en voyage
qu'elle les improvise avec la plus grande facilité (3).
Malheureusement il ne nous est parvenu aucun
autographe de toutes celles qui sont sorties de sa
plume féconde. Et encore celles dont nous sommes
en possession sont-elles en très petit nombre. Nous
ne devons pas regarder comme autographes de la
Sainte ceux qui ont servi à la photographie d'Antonio Selva (Madrid, 1884, libr. de Aguado). Outre
que cet auteur ne signale pas l'endroit où seraient
les autographes et n'en donne aucune référence, il
résulte clairement de leur orthographe même que

(1) *Vie*, c. 16. Comme ce livre était terminé en 1562, deux
mois avant l'inauguration de la réforme du Carmel, on
voit que la Sainte a dû commencer de bonne heure à
composer des poésies.

(2) Cf. éd. du P. Grég. de S.-J. Rome, 1905.

(3) Sa *Vie* par Yépès, III, 23. — Ribéra-Pons, IV, 24. —
Julien d'Avila, II, 8. — Marie de St-Joseph, *Libro de Re-
creaciones, Recr. IX*. — Anne de Jésus, *Inf.* de Salamanque,
1597. — Anne de l'Incarnation, *Inf.* de Grenade. — *Mem.
Hist.*, l. M, n. 11.

ce n'est là qu'une composition de lettres découpées dans les écrits de la Sainte ou imitées. Les deux poésies qu'il donne et qui commencent par ces mots : *Cuan triste es... Combien est triste...* et *Vivo sin vivir en mi... Je vis sans vivre en moi...*, ne se présentent donc pas avec la valeur critique qu'elles ont par ailleurs (1).

Il y a néanmoins des copies des poésies de la Sainte dans les monastères des carmélites de Tolède, de Consuégra, de Sainte-Anne, à Madrid, de Cuerva, de Guadalaxara, de Ségovie... Le P. André de l'Incarnation, déjà cité dans les tomes précédents, s'est occupé en 1759 de ces copies, et nous tiendrons compte de son travail (2), comme l'ont fait M. de la Fuente et le P. Silverio. Mais nous ne sommes pas assurés pour cela d'avoir le texte de la Sainte, dès lors qu'il y a des variantes entre les diverses copies. M. de la Fuente n'a pas daigné publier toutes celles qu'il a trouvées; le P. Silverio a fait de même, bien qu'il en publie quelques-unes de plus. Mais ni l'un ni l'autre ne donnent le caractère absolu d'authenticité à toute leur collection. Pour nous, nous ne craignons pas de faire toutes nos réserves sur celles en particulier que M. de la Fuente qualifie de douteuses : ce sont celles qui paraissent dans notre édition sous les numéros 12. 13, 15, 16, 17, 18; car elles ne semblent nullement porter le cachet thérésien. On pourrait cependant les regarder comme des compositions populaires que les Carmélites chantaient à la récréation à certains jours, et qui,

(1) P. Silv., VI, pp. LV et LXIII.
(2) Ms. 1400 de la B. N. de Madrid.

pour ce motif, furent placées à côté des poésies de
la Sainte. Nous ajoutons le n. 33 que reproduit *La
Mujer grande* (1), mais qui doit être regardée comme
douteuse. Nous mettons à la fin de la collection
trois poésies sous le titre d'appendice avec le fameux
*Sonnet à Jésus Crucifié*, dont on a tant parlé, bien
qu'il ne soit pas de la Sainte.

Quant à la célèbre *glose* : *Je vis, mais sans vivre
en moi*, elle a subi quelques variantes. Nous ne
savons pas cependant quelle est celle qu'il faut pré-
férer, vu l'insuffisance des documents dont nous
sommes en possession.

Nous tenons à prévenir le lecteur que nous ne
mettrons pas en vers les poésies de la Sainte. Quelque parfaites que puissent paraître les traductions
en vers qui en ont été faites et que nous connaissons (2), elles sont toutes nécessairement inexactes.
Notre but est de traduire le texte thérésien aussi
fidèlement que possible pour donner la vraie pensée
de la Sainte. Voilà pourquoi nous en donnons la
traduction en prose.

(1) *La mujer grande : Vida meditada de S<sup>a</sup> Teresa de Jesus.*
Madrid, 1807, t. II.

(2) Ce sont celles de M. l'abbé Dulac, chanoine de Tarbes,
dans la *Revue catholique* du diocèse de Tarbes, 1881-1886,
t. X-XIV ; — celle de M. l'abbé Noël dans les *Instructions
sur la liturgie*, t. III ; — celle que le P. Bouix a donnée dans
sa traduction des Œuvres de la Sainte ; — celles qui se
trouvent dans la traduction des *Œuvres complètes* de la
Sainte, publiées par le soin des Carmélites de Paris ; — et
celles de M. Olivier Bournac, libr. Lethielleux.

# POÉSIES

———

## I [1]

Je vis, mais sans vivre en moi,
Et mon espérance est de telle sorte (2),
Que je me meurs de ne point mourir !

    Je vis désormais hors de moi,
    Depuis que je me meurs d'amour,
    Parce que je vis dans le Seigneur
    Qui m'a voulue pour lui ;

(1) Cette glose est publiée d'après les copies de Valladolid et de Tolède (Ms. 1400 de la B. N. de Madrid). Le P. André de l'Incarnation raconte que la Sainte composa cette glose au monastère de Salamanque l'année qui en suivit la fondation en 1571. Elle était à la récréation le soir du mardi de Pâques, lorsqu'une novice, Isabelle de Jésus, chanta le petit cantique : *Veante mis ojos...* (*Que mes yeux vous voient...*). Aussitôt elle entra en extase. Comme le ravissement durait, quelques religieuses la transportèrent à sa cellule. Le lendemain, après dîner, tout absorbée qu'elle était encore, elle composa cette glose, puis envoya à son confesseur la *Relation* qui commence par ces mots : *Todo ayer* (Cf. t. III, *Relation* IV). — Yépès, l. 3, c. 23. — Ribera, l. 4, c. 10.

(2) Yépès, au lieu de : *y de tal manera espero,* a mis : *y tal alta vida espero.*

> Quand je lui donnai mon cœur,
> Il y grava cette devise :
> Je me meurs de ne point mourir !

Cette divine prison (1)
De l'amour par lequel je vis
A fait Dieu mon captif
Et rendu libre mon cœur,
Mais j'éprouve un tel martyre
De voir Dieu mon prisonnier
Que je me meurs de ne point mourir !

> Oh ! qu'elle est longue cette vie !
> Qu'ils sont durs cet exil,
> Cette prison et ces fers
> Où mon âme est enchaînée !
> La seule espérance d'être délivrée
> Me cause un tourment si cruel
> Que je me meurs de ne point mourir !

Oh ! quelle est amère cette vie,
Où l'on ne jouit pas du Seigneur !
Car si l'amour est suave,
La longue espérance ne l'est pas.
Que Dieu m'enlève ce fardeau,
Plus pesant que l'acier !
Je me meurs de ne point mourir !

---

(1) Yépès, au lieu de : *esta divina prision*, a mis : *esta divina union*.

Seule la confiance
Que j'ai de mourir m'aide à vivre,
Car la mort sera pour moi la vie,
Comme me l'assure mon espérance.
O mort, où l'on trouve la vie,
Ne tarde pas: je t'attends!
Je me meurs de ne point mourir!

Considère que l'amour est fort:
O vie, ne me sois plus à charge;
Considère que je n'ai plus
Qu'à te perdre pour te gagner!
Qu'elle vienne donc la douce mort!
Qu'elle vienne la mort si suave!
Je me meurs de ne point mourir!

C'est cette vie d'en haut
Qui est la vie véritable.
Mais jusqu'à ce que la vie d'ici-bas meure,
On ne peut la posséder.
O mort, ne te dérobe plus.
Que je meure tout d'abord et que je vive!
Je me meurs de ne point mourir!

O vie, que puis-je donner
A mon Dieu qui vit en moi,
Si ce n'est te perdre,
Pour mieux jouir de toi?
Je veux en mourant te conquérir,
Puisque Dieu est le seul que j'aime.
Je me meurs de ne point mourir!

## II

### CONTINUATION DE LA GLOSE

d'après Yépès (1)

Étant absente de toi, ô mon Dieu,
Quelle vie puis-je avoir ici-bas !
N'est-ce pas une agonie,
Et la plus terrible que j'aie jamais vue ?
Je suis touchée de compassion sur mon sort,
Car mon mal est si cruel,
Que je me meurs de ne point mourir !

> Le poisson qu'on tire hors de l'eau
> Trouve du moins un soulagement
> A souffrir la mort,
> Car la mort est sa délivrance.
> Mais quelle mort est comparable
> A une vie aussi cruelle que la mienne ?
> Je me meurs de ne point mourir !

Quand je commence à trouver quelque soulagement,
En t'adorant au Saint-Sacrement
Je sens mon tourment s'aviver
De ne pouvoir jouir de ta vue

(1) Cette glose n'a pas la première strophe de la précédente.

Tout est pour moi un sujet de peines nouvelles
Parce que je ne contemple pas, comme je voudrais.
Je me meurs de ne point mourir !

    Si je me réjouis, ô Seigneur,
    De l'espérance de te voir,
    La pensée que je puis te perdre
    Vient redoubler mes larmes.
    Vivant au milieu de tant de crainte
    Et espérant comme j'espère,
    Je me meurs de ne point mourir !

Délivre-moi de cette mort,
O mon Dieu, et donne-moi la vie,
Ne me retiens plus captive
Dans ces liens si forts,
Considère que je me meurs pour te voir,
Et que je ne puis vivre sans toi :
Je me meurs de ne point mourir !

    Je pleurerai désormais sur ma mort
    Et je gémirai sur ma vie
    Tant qu'elle sera retenue captive
    A cause de mes péchés.
    O mon Dieu, quand sera-ce
    Que je pourrai dire en vérité,
    Je me meurs de ne point mourir !

———————

**Autre strophe,** qui. d'après le ms. 5492 de la Bibl.
Nal. de Madrid, serait la 4ᵉ et dernière de la
glose première (1).

Achève donc enfin de me quitter,
O vie, et ne me sois plus un fardeau.
Car si je meurs, quel autre sort pour moi,
Que celui de vivre et de posséder la félicité?
Ne manque donc pas de me consoler,
O mort: viens donc; je t'en supplie.
Je me meurs de ne point mourir!

*C'est en entendant la Sœur Isabelle de Jésus, novice à Sala-
manque, chanter la poésie suivante à la récréation que la Sainte
eut une grande extase en 1571 le soir du mardi de Pâques. —
Ms. de Cuerva et Pastrana. — Ms. 1400 B. N. — Dès le lendemain la Sainte composait la glose que nous avons donnée en
premier lieu.*

Que mes yeux vous contemplent,
O bon et doux Jésus!
Que mes yeux vous contemplent,
Que je meure au plus tôt!

Aille voir qui voudra
Les roses et les jasmins;
Pour moi, si je vous vois,
Je verrai mille jardins.

(1) Ant. Selfa photographie les trois premières strophes
et celle-ci, mais il est évident que cette dernière n'est pas
de l'autographe, vu la manière d'orthographier les mots.
(Voir l'*Introduction.*)

Fleur des Séraphins,
Jésus de Nazareth,
Que mes yeux vous contemplent,
Que je meure au plus tôt!

Je me trouve captive,
Loin d'une telle compagnie
Mon existence est une mort,
Sans vous, ô ma vie!
Quand donc arrivera-t-il le jour
Qui terminera cet exil?
Que mes yeux vous contemplent,
Que je meure au plus tôt!

Je ne veux aucun contentement,
Si mon Jésus est absent;
Tout est tourment
A qui sent cette épreuve.
Une seule chose me soutient,
C'est de vous aimer et de vous désirer.
Que mes yeux vous contemplent.
O bon et doux Jésus!

Que mes yeux vous contemplent,
O bon et doux Jésus!
Que mes yeux vous contemplent!
Que je meure au plus tôt!


# III [1]


Je suis vôtre: pour vous je suis née,
Que voulez-vous faire de moi?


(1) Cf. ms. 12977ᵃ-7741. Julien d'Avila aimait à chanter
cette poésie, quand il acompagnait la Sainte dans ses fondations.

Souveraine Majesté,
Éternelle Sagesse,
Bonté qui vous répandez sur mon âme,
Dieu, Souveraineté, Être unique, Miséricorde,
Voyez combien est vil l'être
Qui aujourd'hui proclame votre amour en ces ter-
Que voulez-vous de moi, Seigneur?                [mes :

Je suis vôtre, puisque vous m'avez créée ;
Vôtre, puisque vous m'avez rachetée ;
Vôtre, puisque vous me supportez ;
Vôtre, puisque vous m'avez appelée ;
Vôtre, puisque vous m'avez attendue ;
Vôtre, puisque je ne me suis pas perdue.
Que voulez-vous faire de moi ?

Que commandez-vous donc, ô bon Maître,
Que fasse un si vil serviteur ?
Quelle mission avez-vous donnée
A ce pécheur esclave ?
Vous me voyez à vos pieds, ô mon tendre Amour,
O mon tendre Amour, vous me voyez à vos pieds ;
Que voulez-vous faire de moi ?

Voici mon cœur :
Je le remets entre vos mains.
Voici mon corps, ma vie et mon âme,
Mon amour et mon affection.
O doux Époux, ô ma Rédemption,
Puisqu'à vous je me suis consacrée,
Que voulez-vous faire de moi ?

Donnez-moi la mort ou la vie,
Donnez-moi la santé ou la maladie,
Donnez-moi la gloire ou le mépris,
Donnez-moi les combats ou une paix parfaite.
Donnez à ma vie la faiblesse ou la force;
A tout je dis oui;
Que voulez-vous faire de moi?

Donnez-moi les richesses ou la pauvreté;
Donnez-moi des consolations ou des désola-
Donnez-moi de la joie ou de la tristesse;  [tions;
Donnez-moi l'enfer ou donnez-moi le ciel,
Ma douce vie, ô soleil sans nuage,
Puisque je me suis remise à vous tout entière,
Que voulez-vous faire de moi?

Si vous le voulez, donnez-moi l'oraison,
Sinon, donnez-moi les sécheresses;
Si vous le voulez, donnez-moi l'abondance de vos
Sinon, la disette                [biens, et la dévotion,
O souveraine Majesté,
Là seulement je trouve la paix.
Que voulez-vous faire de moi?

Donnez-moi donc la sagesse,
Ou si vous ne le voulez pas, par amour pour
                          [vous, j'accepte l'ignorance;
Donnez-moi des années d'abondance,
Ou de famine et de disette;

Donnez-moi les ténèbres ou la clarté du jour ;
Retournez-moi ici ou là ;
Que voulez-vous faire de moi ?

Si vous me voulez dans la joie,
Par amour pour vous je veux me réjouir.
Si vous me commandez des travaux,
Je veux mourir à la peine.
Dites-moi seulement : où, comment, et quand ?
Parlez, ô doux Amour, parlez.
Que voulez-vous faire de moi ?

Donnez-moi le Calvaire ou le Thabor,
Le désert ou la terre d'abondance ;
Que je sois comme Job dans la douleur,
Ou que je repose comme Jean sur votre cœur ;
Que je sois une vigne abondante,
Ou stérile, qu'importe ? si j'accomplis votre
Que voulez-vous faire de moi ?　　　　　[volonté,

Que je sois comme Joseph jeté dans les fers,
Ou comme lui l'Intendant de l'Égypte ;
Que je sois comme David dans les épreuves,
Ou comme lui au comble de la gloire ;
Que je sois comme Jonas englouti dans les flots,
Ou comme lui rejeté sur·le rivage,
Que demandez-vous de moi ?

Que je me taise ou que je parle.
Que je fasse du bien ou que je n'en fasse pas,
Que la Loi ancienne me découvre mes plaies,
Ou que je goûte les douceurs de l'Évangile,

Que je sois dans la peine ou dans la joie,
Pourvu seulement que vous viviez en moi
Que voulez-vous faire de moi?

Je suis vôtre; pour vous je suis née;
Que voulez-vous faire de moi?


# IV [1]


Je me suis déjà livrée et donnée tout entière,
Et j'ai fait un tel échange,
Que mon Bien-Aimé est à moi
Et que je suis à mon Bien-Aimé.

Quand le doux chasseur
A tiré sur moi et m'a laissée épuisée,
Dans les bras de l'amour
Mon âme est tombée.
Et trouvant une vie nouvelle,
J'ai fait un tel échange,
Que mon Bien-Aimé est à moi
Et que je suis à mon Bien-Aimé.

Il m'a lancé une flèche
Tout embrasée d'amour;
Et mon âme a contracté
Une union intime avec son Créateur.

(1) Ms. de Tolède.

Désormais je ne veux plus d'autre amour ;
Puisque je me suis livrée à mon Dieu,
Mon Bien-Aimé est à moi
Et je suis à mon Bien-Aimé.


## V [1]


Si l'amour que vous avez pour moi,
O mon Dieu, est comme celui que j'ai pour vous,
Dites-moi, à quoi est-ce que je m'arrête ?
Et vous, à quoi vous arrêtez-vous ?

— Ame, que demandes-tu de moi ?
— Mon Dieu, une seule chose, vous voir.
— Et, que crains-tu le plus pour toi ?
— Ce que je crains le plus, c'est de vous perdre.

Une âme cachée en Dieu
Que peut-elle désirer encore,
Sinon aimer et aimer toujours plus,
Et, tout embrasée par l'amour,
Vous aimer d'un amour toujours nouveau ?

Je vous demande un amour sincère ;
O mon Dieu, que mon âme vous possède,
Pour se faire un doux nid,
Là où elle se plaira davantage.

[1] Ms. de Tolède.

## VI [1]

Bienheureux le cœur embrasé d'amour
Qui en Dieu seul a fixé son regard !
Par amour pour lui il est détaché de tout le
Et en lui il trouve sa gloire et sa joie,      [créé,
Il vit même dans l'oubli de soi,
Parce que toutes ses aspirations sont pour Dieu,
Aussi est-ce dans l'allégresse et la joie la plus vive
Qu'il fend les ondes de cette mer orageuse.


## VII [2]

O beauté qui surpassez
Toutes les beautés,
Sans blesser, vous causez de la douleur,
Et sans douleur, vous nous arrachez
Notre amour des créatures,

(1) Ms. de Tolède.
(2) Cette poésie a été faite par la Sainte au sortir d'une
oraison profonde, comme elle le déclare, en la transcrivant
dans la lettre du 2 janvier 1577 à son frère Don Laurent·
Elle ajoute même qu'elle ne se souvient plus du reste. —
Cf. notre éd. des *Lettres*. — Ms. 1400, B. N. — Ms. Cuerva,
Madrid-Guadalaxara.

O nœud qui joignez ainsi
Deux objets si distants,
Je ne sais pourquoi vous vous défaites,
Puisque, quand vous existez, vous donnez la force
De regarder les maux comme des biens.

Le rien vous l'unissez
A l'être infini
Et, sans le faire disparaître, vous le transformez,
Ne trouvant rien en lui qui soit digne de votre
                              [amour, vous l'aimez,
Par vous, notre néant devient grandeur.


## VIII [1]

Quelle est triste, ô mon Dieu,
La vie sans vous !
*Anxieuse de vous voir,*
*Je désire mourir.*

Carrière très longue
Est celle d'ici-bas,
C'est une demeure pénible,
Un très dur exil !

[1] *Unique nécessaire.* P. Diégo Roig, carme déch., Barcelone, 1856. — Antonio Selfa. Madrid, 1884. *Relacion inedita,* Valladolid, 1884, Fr. Herrero y Bayona.

O Maître adoré,
Sortez-moi d'ici.
*Anxieuse de vous voir,*
*Je désire mourir.*

Lugubre est la vie,
Amère à l'extrême.
Elle ne vit pas, l'âme
Qui est loin de vous.
O mon doux Bien,
Que je suis infortunée !
*Anxieuse de vous voir,*
*Je désire mourir.*

O mort bénigne,
Délivre-moi de mes peines.
' Tes coups sont doux,
Puisqu'ils délivrent l'âme.
Quel bonheur, ô mon Bien-Aimé,
D'être uni à vous !
*Anxieuse de vous voir,*
*Je désire mourir.*

L'amour mondain
Nous attache à cette vie,
L'Amour divin
Soupire après l'autre vie.
Sans vous, Dieu éternel,
Qui pourrait vivre ?
*Anxieuse de vous voir,*
*Je désire mourir.*

La vie terrestre
Est un deuil constant,
La vie véritable
Est seulement au ciel.
Permettez, mon Dieu,
Que j'y aille vivre.
*Anxieuse de vous voir,*
*Je désire mourir.*

Quel est celui qui redoute
La mort du corps,
Si par elle il acquiert
Une félicité sans borne ?
Oh ! oui, celle de vous aimer
O mon Dieu, sans fin.
*Anxieuse de vous voir,*
*Je désire mourir.*

Mon âme affligée
Gémit et défaille.
Hélas ! qui de son Bien-Aimé
Peut supporter l'absence !
Qu'il cesse enfin, qu'il cesse,
Ce cruel tourment !
*Anxieuse de vous voir,*
*Je désire mourir.*

Le barbeau pris
A l'hameçon perfide
Trouve dans la mort
La fin de son tourment.

Hélas! moi aussi, je souffre,
O mon Bien, sans vous!
*Et anxieuse de vous voir,*
*Je désire mourir.*

> En vain mon âme
> Vous cherche, ô mon Maître;
> Vous êtes toujours invisible
> Et vous ne soulagez pas son attente.
> Oh! cela même l'enflamme
> Jusqu'à s'écrier :
> *Anxieuse de vous voir,*
> *Je désire mourir.*

Oh! quand vous daignez
Entrer dans mon cœur,
O mon Dieu, aussitôt
Je crains de vous perdre.
Une telle peine m'afflige,
Qu'elle me fait dire :
*Anxieuse de vous voir,*
*Je désire mourir.*

> Mettez fin, Seigneur,
> A une si longue agonie,
> Secourez votre servante
> Qui après vous soupire,
> Brisez ses chaînes,
> Et elle sera heureuse.
> *Anxieuse de vous voir,*
> *Je désire mourir.*

Mais non, Maître Bien-Aimé ;
Il est juste que je souffre,
Que j'expie mes errements.
Et mes fautes innombrables
Oh ! puissent mes larmes obtenir
Que vous exauciez cette prière.
*Anxieuse de vous voir,*
*Je désire mourir.*

## IX [1]

O âme, tu dois te chercher en Moi
Et me chercher en toi.

L'amour a su si bien,
O âme, te représenter en Moi,
Qu'aucun peintre, si habile qu'il soit,
Ne saurait avec tant de perfection
Reproduire une telle image.

Tu as été créée par amour
Belle et splendide ; voilà pourquoi
Étant peinte dans mon cœur,
Si tu te perds, ma bien-aimée,
*O âme, tu dois te chercher en Moi.*

(1) Ms. de Tolède. — Cette poésie est le commentaire de
la parole entendue un jour par la Sainte dans l'oraison.
Elle donna lieu à la lettre du *vejamen* ou *défi* que demanda
don Alvaro de Mendoza, évêque d'Avila. Lettre du 27 janvier 1577 à ce prélat, t. II de notre édit. de 1905.

Je sais bien que tu te verras
Représentée en mon cœur,
Et peinte si au naturel
Que si tu te voyais, tu te réjouirais
De te voir si bien représentée

Si par hasard tu ne savais plus
Où pouvoir me trouver,
Ne me cherche pas à droite et à gauche.
Mais, si tu veux me trouver,
*Moi-même, tu dois me chercher en toi.*

Puisque tu es le lieu de mon repos,
Tu es ma maison et ma demeure ;
Aussi je frappe en tout temps à la porte
Si dans ta pensée je trouve
La porte fermée.

Tu ne dois pas me chercher en dehors de toi,
Parce que, pour me trouver,
Tu n'auras qu'à m'appeler ;
Et sans retard je viendrai à toi,
Et tu dois me chercher en toi.


## X [1]


Que rien ne te trouble,
Que rien ne t'épouvante,

[1] Le P. Gratien atteste que la Sainte en mourant portait

Tout passe.
Dieu ne change pas.
La patience obtient tout.
Celui qui possède Dieu
Ne manque de rien
Dieu seul suffit (1).

ces sentences dans son bréviaire. — *Memorias Hist.*, l. O, n. 63.

(1) Les Carmélites de Ségovie conservent une glose poétique de ces sentences. La voici :

Élève ta pensée :
Monte au ciel
Ne te chagrine de rien
*Que rien ne te trouble!*

Suis Jésus-Christ
De bon cœur,
Et advienne que pourra,
*Que rien ne t'épouvante!*

Tu vois la gloire du monde ;
C'est une vaine gloire ;
Elle n'a rien de stable ;
*Tout passe.*

Aspire aux choses célestes,
Qui durent toujours.
Fidèle et riche en promesses,
*Dieu ne change pas.*

Aime-le comme il le mérite :
Il est la Bonté suprême ;
Mais il n'y a pas d'amour vrai
*Sans la patience.*

Que la confiance et la foi vive
Gardent ton âme :

# XI [1]

Acheminons-nous vers le ciel,
*Religieuses du Carmel.*

Marchons bien mortifiées,
Humbles et méprisées,
Sans recevoir de consolation,
*Religieuses du Carmel.*

Le vœu d'obéissance,
Suivons-le, sans résistance :
C'est notre but, notre consolation,
*Religieuses du Carmel.*

————

Celui qui croit et espère
*Obtient tout.*

Alors même qu'il se verrait
Harcelé par l'enfer,
Celui-là se moquerait de ses fureurs
*Qui a Dieu pour lui.*

Qu'ils viennent les délaissements,
La croix, les disgrâces,
Si Dieu est ton trésor,
*Rien ne te manque.*

Arrière donc les biens de la terre;
Arrière les vaines félicités;
Viendrait-on à perdre tout,
*Dieu seul suffit.*

(1) Ms. de Guadalaxara et Madrid.

La pauvreté est la voie,
La voie même qu'a suivie
Notre Monarque du Ciel,
*Religieuses du Carmel.*

Il ne manque pas de nous aimer,
Notre Dieu, et de nous appeler.
Suivons-le sans détour,
*Religieuses du Carmel.*

Il s'embrase peu à peu d'amour,
Celui qui est né dans la crainte,
Enveloppé d'un voile humain,
*Religieuses du Carmel.*

Allons nous enrichir
Là où il ne peut y avoir
Ni pauvreté ni désolation,
*Religieuses du Carmel.*

Imitons notre Père saint Élie
En luttant contre nous-mêmes.
Animons-nous de sa force et de son zèle,
*Religieuses du Carmel.*

Renonçons à notre volonté propre
Et procurons-nous le double
Esprit d'Élisée,
*Religieuses du Carmel.*

# XII [1]

## Pour la fête de Noël

O pasteurs qui veillez
A la garde de votre troupeau,
Considérez qu'il vous est né un Agneau.
C'est le Fils du Dieu souverain !

Il vient pauvre et méprisé,
Mettez-vous donc à le garder,
Car le loup nous le ravira
Avant que nous ayons pu en jouir.

Gilles, donne-moi cette houlette
Que je tiendrai toujours à la main
Afin qu'on ne vienne pas nous ravir l'Agneau ;
Ne vois-tu pas que c'est le Dieu Souverain ?

Songe que je suis hors de moi,
Tant je ressens de joie et de peine tout à la fois,
S'il est Dieu celui qui aujourd'hui nous est né,
Comment peut-il être déjà mort ?

[1] Ms. de Tolède. — M. de la Fuente la regarde comme douteuse, t. I.

Ah! s'il est homme en même temps,
Il possède en mains la source de la vie,
Considère que cet Agneau
Est le Fils du Dieu souverain.

Je ne sais pourquoi on le réclame (1),
Puisqu'on lui fait ensuite une telle guerre.
— Ma foi, ô Gilles, mieux vaudrait
Qu'Il retournât dans son pays,
Puisque c'est le péché qui nous exile,
Et que dans ses mains sont tous les biens.
Mais, puisqu'il est venu, qu'il souffre,
Ce Dieu si souverain.

Tu es bien peu touché de ses souffrances.
Oh! qu'il est bien vrai que si un homme
Nous procure des avantages,
Le mal d'autrui disparaît à nos yeux!
Ne vois-tu pas que cet Agneau acquiert la gloire
De Pasteur d'un grand troupeau?
— Malgré tout, c'est une chose inouïe
Que meure le Dieu souverain!

(1) La photographie de ces deux dernières strophes nous
a été donnée gracieusement par les Carmélites de Florence.
Il semble qu'il ne s'agit pas d'un autographe mais d'un
fac-similé composé à l'aide de lettres découpées dans quelque autographe de la Sainte.

## XIII [1]

### POUR LA FÊTE DE NOËL

Aujourd'hui vient pour vous racheter
Un berger notre parent,
O Gilles, c'est le Dieu Tout-Puissant.

C'est pour cela qu'il nous a délivrés
De la prison de Satan.
Il est parent de Blaise,
De Menga et de Llorent.
Oh! oui, c'est le Dieu Tout-Puissant.

Mais s'il est Dieu, comment est-il vendu,
Et meurt-il crucifié?
Ne vois-tu pas qu'il a détruit le péché
Par ses souffrances, lui l'innocent?
O Gilles, c'est le Dieu Tout-Puissant.

Ma foi, je l'ai vu déjà né
Ainsi qu'une bergère de toute beauté.
— Mais s'il est Dieu, comment a-t-il voulu
Se trouver chez un peuple si pauvre?
— Ne vois-tu pas qu'il est Tout-Puissant?

(1) Ms. de Tolède. — M. de la Fuente, t. I, la regarde
comme douteuse.

Laisse donc ces questions,
Appliquons-nous à le servir.
Et puisqu'il vient pour mourir,
Mourons avec lui, Llorent,
Car il est le Dieu Tout-Puissant


## XIV [1]

### Pour la Fête de Noël

Puisque c'est l'amour
Que Dieu nous a donné,
Nous n'avons désormais rien à craindre.
Mourons tous les deux [2].

Le Père nous donne
Son Fils unique
Qui vient aujourd'hui au monde
Dans une pauvre étable.
Oh ! l'indicible joie !
Désormais l'homme est Dieu !
Nous n'avons rien à craindre,
Mourons tous les deux.

Considère, ô Llorent,
Combien est profond cet amour.

(1) Ms. de Tolède.
(2) Elle s'adresse à celui qu'elle appelle Llorent.

Il vient, l'innocent,
Pour souffrir du froid !
Il laisse un empire
Qui en somme est celui de Dieu !
Nous n'avons désormais rien à craindre.
Mourons tous les deux.

Mais comment Pascal (1)
Nous fait-il cette miséricorde ?
Pourquoi se revêt-il d'un habit de bure
Et laisse-t-il la richesse ?
— C'est qu'il préfère la pauvreté.
Marchons donc à sa suite
Puisqu'il est venu se faire homme.
Mourons tous les deux.

Mais que lui donnera-t-on
En retour de cette largesse ?
— De grands coups,
Une cruelle flagellation.
— Oh ! quelle tristesse profonde
Nous en devons concevoir !
Si cela est vrai,
Mourons tous les deux.

Mais comment a-t-on tant d'audace,
Puisqu'il est le Tout-Puissant ?
— C'est qu'il doit mourir
Sous les coups d'un peuple perfide.

(1) Notre-Seigneur.

— S'il en est ainsi Llorent.
Tâchons de le soustraire à ce supplice.
— Mais ne vois-tu pas qu'il veut ces tortures?
Mourons tous les deux.


## XV [1]

### Pour la fête de Noël


— Mon portier, regarde qui appelle,
— Ce sont les Anges; voici déjà l'aube du jour.

J'ai entendu un grand fredonnement   .
Qui me semblait une belle mélodie.
Regarde, Blaise, il fait déjà jour.
Allons voir la jeune Bergère.
— Mon portier, regarde qui appelle.
— Ce sont les Anges; voici déjà l'aube du jour.

— Est-elle parente de l'alcalde?
Quelle est cette Vierge?
— C'est la fille de Dieu le Père,
Elle resplendit comme une étoile.
— Mon portier, regarde qui appelle.
— Ce sont les Anges; voici déjà l'aube du jour.


(1) Ms. de Cuerva. — M. de la Fuente, t. I, la regarde
comme douteuse.

## XVI [1]

### POUR LA FÊTE DE LA CIRCONCISION

Il répand son sang.
N'est-ce pas, mon petit Dominique?
Et je ne sais pas pourquoi.

Pourquoi, je te le demande,
La justice s'exerce-t-elle sur lui?
Puisqu'il est innocent,
Et qu'il n'a point de malice.
Il a'été embrasé de désir,
Je ne sais pas pourquoi,
De m'aimer beaucoup.
N'est-ce pas, mon petit Dominique?

Et comment, aussitôt après sa naissance,
On va le faire souffrir!
— Oui, déjà il se meurt
De me délivrer du mal.
Oh! quel grand Pasteur
Il sera en vérité!
Qu'en penses-tu, mon petit Dominique?

(1) Ms. de Cuerva et Madrid. — M. de la Fuente, t. I, la regarde comme douteuse.

Tu n'y as pas fait attention.
Mais cet enfant n'est-il pas innocent,
— Si, ils me l'ont déjà dit,
Petit Blaise et Llorent.
Grand malheur
Ce serait de ne pas l'aimer !
N'est-ce pas, mon petit Dominique ?

# XVII [1]

## Pour la fête de la Circoncision

Cet enfant vient à nous dans les pleurs,
Considère-le bien, Gilles, car il t'appelle.

Il est venu du ciel sur la terre,
Pour nous aider à triompher de nos ennemis.
Déjà il commence la lutte,
Car il répand son sang.
Considère-le bien, Gilles, car il t'appelle.

Son amour pour nous est si grand
Que ce n'est pas beaucoup qu'il pleure,
Qu'il commence déjà à montrer sa valeur;
Un jour il prendra le commandement.
Considère-le bien, Gilles, car il t'appelle.

(1) Ms. de Cuerva, Guadalaxara et Madrid. — M. de la
Fuente, t. I, la regarde comme douteuse.

Il doit nous en coûter de souffrir,
Puisqu'il commence si tôt
A répandre son sang,
Nous devrons gémir.
Considère-le bien, Gilles, car il t'appelle.

    N'est-il pas venu mourir,
    Quand il pouvait rester dans son nid?
    Ne vois-tu pas, Gilles, que s'il est venu,
    C'est comme un lion rugissant.
    Considère-le bien, Gilles, car il t'appelle.

Dis-moi, Pascal, que me demandes-tu?
Que signifient tous ces cris?
— Il faut que tu l'aimes, puisqu'il t'aime,
Et que, par amour pour toi, il grelotte de froid.
Considère-le bien, Gilles, car il t'appelle.


# XVIII [1]

## Pour la fête de l'Épiphanie

Puisque l'étoile
Est déjà arrivée,

(1) Ms. de Tolède. — M. de la Fuente, t. I, la regarde comme douteuse.

Qu'elle suive les Rois
Ma petite troupe.

Allons tous ensemble
Voir le Messie,
Nous voyons accomplies
Enfin les prophéties,
Puisqu'en nos jours
L'étoile est déjà arrivée,
Qu'elle suive les Rois
Ma petite troupe !

Allons lui présenter des dons
De grande valeur,
Puisque les rois viennent,
Animés de tant de ferveur,
Qu'elle soit aujourd'hui remplie d'allégresse
Notre grande Bergère,
Qu'elle suive les Rois,
Ma petite troupe !

Ne te préoccupe pas, Llorent,
De chercher des raisons,
Pour voir qu'il est Dieu,
Ce petit enfant.
Donne-lui ton cœur.
Que je sois moi-même tout à lui.
Qu'elle suive les Rois,
Ma petite troupe !

# XIX [1]

## A la Croix

*O Croix, repos délicieux de ma vie,*
*Soyez la bienvenue.*

O bannière, sous ton égide
Le plus faible deviendra fort.
O vie de notre mort,
Comme vous l'avez bien ressuscitée !
Vous avez adouci le lion,
Puisque par vous il sacrifia sa vie.
*Soyez la bienvenue.*

Celui qui ne vous aime pas est captif,
Il ne connaît pas la liberté.
Celui qui veut s'approcher de vous,
Ne s'égarera jamais.
O bienheureuse puissance,
Où aucun mal ne trouve de place,
*Soyez la bienvenue.*

Vous avez été la liberté,
Pour notre profond esclavage.

(1) Ms. de Ségovie, Batuecas, Salamanque. — N. 12977ᵉ
B. N. Madrid.

Par vous a été réparée ma faute
Au prix de remèdes si coûteux,
Pour Dieu vous avez été l'instrument
D'une gloire infinie
*Soyez la bienvenue.*


## XX [1]


Dans la Croix est la vie
Et la consolation ;
Elle seule est le chemin
Qui conduit au ciel.

Sur la Croix est le Seigneur
Du ciel et de la terre,
C'est là que l'on jouit d'une paix profonde,
Même au milieu des combats.
Tous les maux elle les dissipe,
Ici-bas.
Elle seule est le chemin
Qui conduit au ciel.

De la Croix l'Épouse dit
A son Bien-Aimé

[1] La Fuente, éd. 1881, t. VI, *Documentos*, n° 38. — D'après une tradition du monastère de Soria, cette poésie a été composée par la Sainte lorsqu'elle était à cette fondation, afin qu'on pût la chanter le 14 septembre.

Qu'elle est l'arbre précieux
Sur lequel il est monté,
Et dont le fruit a été savoureux
Au Dieu du ciel.
Elle seule est le chemin
Qui conduit au ciel.

Elle est un olivier précieux,
La sainte Croix,
Qui de son huile nous oint
Et nous éclaire.
Mon âme, prends la Croix
Avec une grande joie.
Elle seule est le chemin
Qui conduit au ciel.

La Croix est cet arbre vert
Et tant désiré
De l'Épouse qui à son ombre,
S'est assise,
Pour jouir de son Bien-Aimé,
Le Roi du ciel.
Elle seule est le chemin
Qui conduit au ciel.

L'âme qui à Dieu est
Entièrement soumise
Et est véritablement du monde
Détachée,
La Croix est pour elle un arbre de vie
Et de consolation,

    Et un chemin délicieux
    Qui conduit au ciel.

Depuis que sur la Croix est monté
Le Sauveur,
En la Croix est la gloire
Et l'honneur.
Et dans le support des souffrances
Se trouvent la vie et les consolations;
C'est là le chemin le plus sûr;
Il conduit au ciel.


# XXI [1]

## DIRIGEONS-NOUS VERS LE CIEL

    Religieuses du Carmel,
Embrassons étroitement la Croix
Et suivons Jésus
Qui est notre voie et notre lumière,
Et la source de toute consolation,
Religieuses du Carmel.

Si vous gardez plus précieusement que vos yeux
Les engagements de vos trois vœux,

(1) C'est à Soria même que la Sainte composa cette poésie,
en 1581, d'après la tradition du monastère.

Ils vous délivreront de mille ennuis,
De la tristesse et de la désolation,
Religieuses du Carmel.

Le vœu d'obéissance,
Bien qu'il soit d'une très haute science,
N'est jamais lésé,
Si ce n'est quand il y a résistance.
Mais que de cela vous préserve le Dieu du ciel,
Religieuses du Carmel !

Le vœu de chasteté,
Gardez-le avec grand soin.
Ne désirez que Dieu ;
Renfermez-vous en lui-même.
Sans jeter un regard sur les choses d'ici-bas,
Religieuses du Carmel.

Le vœu qu'on appelle de pauvreté,
Si on le garde avec pureté,
Est plein de richesses,
Et ouvre les portes du ciel,
Religieuses du Carmel.

Si nous agissons de la sorte,
De nos ennemis nous triompherons,
Et à la fin nous nous reposerons
Avec le Créateur de la terre et du ciel,
Religieuses du Carmel.

## XXII [1]

### A saint André

Si la souffrance endurée avec amour,
Peut procurer tant de délices,
Quelle félicité ne goûterons-nous pas à te voir !

Que sera-ce quand nous verrons
La Majesté éternelle,
Puisque André, à la seule vue de la Croix,
Fut si rempli d'allégresse !
Oh ! qu'il est bien vrai qu'on ne peut manquer
De trouver des délices à souffrir !
Mais quelle félicité ne goûterons-nous pas à te voir !

Quand l'amour est intense,
Il ne peut rester sans agir.
S'il est fort, il ne manque pas de lutter
Par amour pour son Bien-Aimé.
Et après l'avoir ainsi conquis
Il veut réussir en tout.
Quelle félicité ne goûterons-nous pas à te voir !

(1) Copie de Tolède. — La Sainte devait avoir une dévotion spéciale à saint André à partir de la fondation d'Albe
de Tormès (*Fondations*, c. 20). *Año Teresiano*, t. XI.

Quand tous redoutent la mort,
Comment t'est-il doux de mourir?
Tu me réponds, que c'est pour aller vivre
D'une vie plus élevée,
O mon Dieu, par ta mort
Tu rends forts les plus faibles
Quelle félicité ne goûterons-nous pas à te voir!

O Croix... bois précieûx,
Tu resplendis de la plus haute Majesté
Puisque, tout indigne que tu sois,
Tu as pris Dieu pour Époux.
A toi, je viens plein de joie
Sans avoir mérité de t'aimer.
Mais ce m'est un bonheur indicible de te voir!


# XXIII [1]

## A saint Hilarion

Un guerrier a triomphé aujourd'hui
Du monde et de ses partisans;
Revenez, revenez, pécheurs,
Prenons le même sentier.

(1) Ms. de Tolède. — La Sainte avait une dévotion spéciale à saint Hilarion. Elle en parle au ch. 27 de sa *Vie*. Elle bâtit en son honneur un ermitage au monastère de Saint-Joseph. *Déposit. de Teresita.*

Suivons-le dans la solitude,
Et ne souhaitons pas de mourir,
Avant d'avoir mérité de vivre
Dans une pauvreté aussi parfaite que la sienne.
Oh! qu'elle est grande l'habileté
De notre guerrier!
Revenez, revenez, pécheurs,
Prenons le même sentier.

> Avec les armes de la pénitence
> Il a triomphé de Lucifer,
> Il lutte avec patience,
> Et maintenant il n'a plus rien à craindre.
> Nous pouvons tous être vaillants,
> Si nous suivons ce chevalier.
> Revenez, revenez, pécheurs,
> Prenons le même sentier.

Sans avoir eu de soutien,
Il a embrassé la Croix.
En elle nous trouverons toujours la lumière
Qu'elle répand sur les pécheurs.
Oh! quel heureux amour
Embrasa notre guerrier!
Revenez, revenez, pécheurs,
Prenons le même sentier.

> Il a déjà gagné la couronne.
> Toutes ses souffrances ont cessé.
> Il jouit désormais de ses mérites
> Au sein d'une gloire immense.

O heureuse victoire
De notre vaillant guerrier !
Revenez, revenez, pécheurs,
Prenons le même sentier.


# XXIV [1]

## A sainte Catherine, martyre


O grande Amante
Du Dieu éternel,
Étoile resplendissante,
Sois notre secours.

Dès la plus tendre enfance
Tu choisis ton Époux,
Ton amour fut si grand
Qu'il ne te laissa pas de repos.
Le pusillanime
Ne doit pas te suivre,
S'il tient à la vie,
Et craint de mourir pour Dieu.


(1) Ms. de Tolède. — Par dévotion pour sainte Catherine, la Sainte avait édifié dans le jardin du monastère de Saint-Joseph d'Avila un petit ermitage en son honneur.

Ames craintives, regardez
Cette jeune vièrge.
Elle ne fait aucun cas de son or,
Ni de sa grande beauté.
La voilà dans le combat
De la persécution
Disposée à souffrir
Avec un mâle courage.

    Mais elle a de la peine
    De vivre loin de son Époux,
    Aussi les tortures
    Sont pour elle un repos
    Et lui procurent toute joie,
    Son unique désir est de mourir.
    Car avec la vie d'ici-bas,
    Elle ne peut plus vivre.

Nous religieuses qui aspirons
A goûter la même félicité,
Ne nous lassons jamais
De tendre au vrai repos.
O folie, ô illusion !
De ne point aimer,
C'est vouloir guérir
Tout en gardant son mal.

## XXV [1]

Jeune fille, qui vous a amenée ici,
Et tirée de la vallée des larmes?
— C'est Dieu et ma bonne fortune.


## XXVI [2]

### Pour la prise de voile
### de la Sœur Isabelle des Anges

#### a Salamanque, 1571.

Ma sœur, c'est pour que vous soyez sur vos gar-
Qu'on vous a donné aujourd'hui ce voile.   [des,
Il ne s'agit de rien moins que de gagner le ciel,
Aussi ne vous négligez point.

Ce voile gracieux
Vous dit que vous êtes dans l'attente,
Que vous êtes en sentinelle,
Jusqu'à ce que vienne l'Époux;

(1) *Reforma*, t. III, l. 13, c. 21. Cette poésie fut composée
pour la prise d'habit de la Sœur Hiéronyme de l'Incarnation, fille d'Hélène de Quiroga, à Médina del Campo le
13 janvier 1573. Nous n'en possédons que ces trois vers.
    (2) Ms. B.N. 12977*.

Car, semblable à un voleur fameux,
Il viendra au moment où vous n'y penserez pas.
Aussi ne vous négligez point.

> Personne ne sait l'heure de sa venue.
> Sera-ce à la première veille,
> A la seconde, ou à la troisième?
> Tout chrétien l'ignore.
> Veillez donc, veillez, ma Sœur,
> Afin qu'on ne vous vole pas votre bien :
> Aussi ne vous négligez point.

Ayez toujours à la main
La lampe allumée,
Et sous votre voile veillez.
Que vos reins soient bien ceints :
Ne soyez pas toujours somnolente.
Sachez que vous pourriez courir des dangers,
Aussi ne vous négligez point.

> Entretenez dans l'urne l'huile
> Des bonnes œuvres et des mérites,
> Pour pouvoir garnir
> Votre lampe, et que sa lumière ne s'éteigne pas,
> Car vous resteriez à la porte
> Si, quand viendra l'Époux, votre lampe n'était
> Aussi ne vous négligez point.     [pas allumée.

Personne ne nous donnera de l'huile sur caution ;
Et si vous allez en acheter,
Vous pouvez tarder longtemps ;
Et l'Époux entrerait à ce moment ;

Et, une fois la porte fermée,
On ne peut plus entrer, malgré les suppliques,
Aussi, ne vous négligez point.

Ayez donc un soin constant
D'accomplir comme une âme forte
Jusqu'au jour de la mort
L'engagement qu'aujourd'hui vous avez pris.
Et après avoir ainsi veillé,
Avec l'Époux vous entrerez,
Aussi ne vous négligez point.


## XXVII [1]

POUR LA PROFESSION D'ISABELLE DES ANGES

Que ma joie soit dans les pleurs,
Mon repos dans les craintes,
Ma quiétude dans les douleurs,
Et mon calme dans l'apaisement.

Que mon amour soit dans les tempêtes,
Ma satisfaction dans les souffrances.
Que ma vie soit dans la mort,
Et mon honneur dans les mépris.

(1) Ms. 12764. B. N. de Madrid. — Cette poésie a été composée par la Sainte à Salamanque en 1571 pour la profession de la sœur Isabelle des Anges, dont elle avait déjà
chanté la prise d'habit.

Que mon trésor soit dans la pauvreté,
Mon triomphe dans les combats,
Mon repos dans le travail,
Et mon contentement dans la tristesse.

    Que ma lumière soit dans les ténèbres,
    Ma grandeur dans la bassesse,
    Que mon droit chemin
    Et ma gloire soient la Croix.

Que mon honneur soit dans les abaissements,
Et ma palme dans la souffrance;
Dans les pertes mon accroissement,
Et dans les diminutions mon augmentation.

    Que mon rassasiement soit dans la faïm,
    Mon espérance dans la crainte,
    Ma satisfaction dans la peur,
    Mes complaisances dans l'amertume.

Que ma mémoire soit dans l'oubli,
Ma grandeur dans l'humiliation,
Ma gloire dans l'abjection,
Ma victoire dans les affronts !

    Que ma couronne soit dans le mépris,
    Mon affection dans les peines,
    Que ma dignité soit d'être dans un coin !
    Et que la solitude ait mon estime !

Dans le Christ est ma confiance;
A lui seul j'appartiens,

Il est mon réconfort dans les fatigues,
Et l'imiter est mon passe-temps.

> C'est là que repose ma force ;
> Là aussi, ma sécurité ;
> La preuve de ma sincérité,
> La marque de ma constance.


# XXVIII [1]

### POUR UNE PROFESSION


O fortunée bergère,
Qui s'est donnée aujourd'hui à un tel Berger,
Qui règne et régnera à jamais !

Heureux fut son sort,
Puisqu'elle a mérité un tel Époux !
Pour moi, ô Gilles, je suis saisie de respect,
Je n'oserai plus la regarder,
Puisqu'elle a pris un Époux,
Qui règne et régnera à jamais

> Demandez-lui ce qu'elle a donné à son Époux
> A emporter jusqu'à sa campagne ?
> Elle lui a donné son cœur,
> Et l'a donné généreusement.

(1) Ms. de Tolède.

> — Ma foi! c'est peu le payer,
> Car il est très beau, ce Berger,
> Il règne et régnera à jamais.

Si elle avait eu davantage, davantage elle eût donné.
*Por que le avisas, carillo?*
*Tomemos el cobanillo.*
*Sirva nos deja sacar* (1)
Puisqu'elle a pris un Époux
Qui règne et régnera à jamais.

> Nous voyons donc ce qu'elle a donné,
> Mais que va lui donner le Berger?
> — Il l'a rachetée de son sang.
> — Oh! quel don précieux!
> Heureuse la bergère!
> Qui a su contenter un tel Berger!

Il devait lui porter un grand amour
Pour lui donner un si riche trésor.
— Ne voyez-vous pas qu'il lui a tout donné
Jusqu'au vêtement et à la chaussure?
Mais aussi, considérez qu'il est désormais son Époux,
Qui règne et régnera à jamais.

> Il sera bien que nous la recevions
> Dans notre bercail,

---

(1) Nous ne traduisons pas ces trois vers qui ne présentent pas un sens obvie, comme M. de la Fuente l'a reconnu et comme nous l'ont déclaré des personnages compétents.

Et que nous l'entourions de prévenances
Pour gagner son amitié
Puisqu'elle a pris un Époux,
Qui doit régner sans fin.


## XXIX [1]

### Pour une profession

Oh ! quelle faveur sans égale !
Oh ! quel mariage sacré !
Le Roi de toute Majesté
Est devenu son Époux !

Oh ! quel heureux sort
Vous était réservé !
Dieu vous a choisie pour sa bien-aimée,
Et vous a rachetée par sa mort !
A le servir soyez très vaillante,
Puisque vous en avez pris l'engagement.
Le Roi de toute Majesté
Est désormais votre Époux.

Il vous donnera de précieux joyaux,
Cet Époux, Roi du ciel.
Il vous donnera de grandes consolations
Que personne ne pourra vous ravir.

(1) Ms. de Tolède.

Mais surtout il vous donnera
Un esprit humble.
Il est Roi ; il peut faire ces présents
Puisqu'il veut aujourd'hui devenir votre Époux.

Ce Seigneur vous donnera encore
Un amour si saint et si pur
Que vous pourrez, je vous l'assure,
Ne plus redouter le monde,
Moins encore le démon,
Qu'il a aujourd'hui enchaîné.
Car le Roi de toute Majesté
Est devenu aujourd'hui votre Époux.


# XXX [1]

## POUR UNE PROFESSION

Vous tous qui combattez
A l'ombre de ce drapeau,
Ne dormez plus, ne dormez plus,
Puisqu'il n'y a point de paix sur la terre.

Semblable à un vaillant capitaine,
Notre Dieu voulut affronter la mort.
Commençons à le suive,
Car c'est nous qui l'avons fait mourir.

[1] Ms. de Tolède.

Oh ! quel heureux sort
Cette guerre lui procura !
Ne dormez plus, ne dormez plus,
Car un Dieu manque à la terre.

> C'est avec un grand contentement
> Qu'il s'est offert à mourir sur la croix,
> Pour nous donner à tous sa lumière
> Au milieu des plus grandes souffrances.
> Oh ! quel glorieux triomphe !
> Quelle bienheureuse guerre !
> Ne dormez plus, ne dormez plus,
> Car un Dieu manque à la terre.

Qu'il n'y ait point de lâches parmi nous ;
Ne craignons pas pour notre vie.
Personne n'en prend mieux les intérêts
Que celui qui la méprise,
Puisque Jésus est notre guide,
Et la récompense de nos combats.
Ne dormez plus, ne dormez plus,
Parce qu'il n'y a pas de paix sur la terre.

> Offrons-nous sincèrement
> A mourir toutes pour le Christ ;
> Et aux noces célestes
> Nous serons enivrées de bonheur.
> Suivons cette bannière
> Puisque le Christ nous précède.
> Il n'y a pas à craindre ; ne dormez point ;
> Puisqu'il n'y a pas de paix sur la terre.

## XXXI [1]

Puisque notre Époux
Nous veut dans cette prison,
Soyons en joie, en joie
Dans la religion !

Oh ! quelles noces somptueuses
Jésus a préparées !
Il est plein d'amour pour nous toutes !
Il nous donne sa lumière !
Suivons la croix
Avec beaucoup de perfection.
Soyons en joie, en joie
Dans la religion !

Voilà l'état
Choisi de Dieu,
Où du péché
Il nous tient à l'abri.
Il nous a promis
La consolation
Si nous mettons notre bonheur
A demeurer dans cette prison.

Il nous donnera des grandeurs
Dans l'éternelle gloire,

(1) Ms. de Tolède.

Si pour acquérir ses richesses,
Nous méprisons les scories
Qu'il y a en ce monde,
Ainsi que la malice du siècle.
Soyons en joie, en joie
Dans la religion !

Oh ! quel esclavage
Où règne une liberté complète !
Oh ! l'heureuse vie
Pour préparer l'éternité !
Je ne veux plus en délivrer
Désormais mon cœur,
Soyons en joie, en joie
Dans la religion !

# XXXII [1]

*Le Chœur*

Puisque vous nous donnez un vêtement nouveau,
O Roi du ciel
Délivrez de la gent incivile
Cet habit de bure.

[1] Les Carmélites déchaussées de Saint-Joseph d'Avila, se voyant molestées par la vermine qui provenait de leur serge grossière, organisèrent une procession pour supplier Dieu de les en délivrer. Elles prirent une croix et se diri-

*La Sainte*

Mes filles, prenez donc la Croix;
Ayez courage;
Et à Jésus, qui est votre lumière,
Demandez faveur.
Il sera, lui, votre défenseur
Dans une telle épreuve.

*Le Chœur*

Délivrez de la gent incivile
Cet habit de bure.

*La Sainte*

Ce méchant troupeau inquiète,
A l'oraison,
Une âme peu assise
Dans la dévotion.
Mais qu'en Dieu votre cœur
Goûte toujours le calme !

gèrent à l'endroit où était la Sainte, en chantant une poésie de leur composition. C'est alors que la Sainte improvisa les trois strophes que nous traduisons. *Déposit.* de Thérésita. — *Reforma*, l. VI, c. 23. — Le P. Gerardo dans son livre *Milagros de la esclarecida y serafica virgen santa Teresa*, par fray Antonio de la Encarnacion, Toledo, 1914, publie cette poésie avec quelques légères variantes qui ne changent rien au sens. Depuis que cette procession a été faite, les Carmélites d'Avila ne sont plus molestées par la *gent incivile.*

*Le Chœur*

Délivrez de la gent incivile
Cet habit de bure.

*La Sainte*

Puisque vous êtes venues pour mourir,
Ne vous découragez pas !
Et de la gent si incivile
Ne redoutez rien.
Vous trouverez en Dieu le remède
A un si grand mal.

*Le Chœur*

Puisque vous nous donnez un vêtement nouveau,
, O Roi du ciel,
Délivrez de la gent incivile
Cet habit de bure.


# XXXIII [1]

Au plus profond de mon cœur,
J'ai senti un coup subit :
Le dard était divin,
Car il a opéré de grandes merveilles ;

[1] *La mujer grande,* du P. M. de Saint-Thomas, 1807,
t. III. — *Mem. Hist.,* O, 75.

> Par le coup je fus blessée,
> Et bien que la blessure soit mortelle,
> Et cause une douleur sans égale,
> C'est une mort qui donne la vie.

Si elle tue, comment donne-t-elle la vie?
Et si elle donne la vie, comment fait-elle mourir?
Comment guérit-elle, quand elle blesse,
Et se voit-elle unie au dard?
Ce dard a des artifices si divins,
Que dans une si cruelle agonie
Il sort triomphant de la blessure
Et accomplit de grandes œuvres.

---

# APPENDICE

## I [1]

O mon souverain Époux,
Je viens, laissez-moi m'approcher;
Ne me laissez pas faire fausse route;
Et que dans votre océan entre
Ce tout petit ruisseau.

(1) Ms. de Bibl. Nat. de Madrid, X, 395. Cette poésie a dû
être composée par la Sainte à Soria, en 1581. Le P. Silv.
ne la regarde pas comme authentique, VI, cap. cxx.

Secourez-moi, ô doux Époux,
Donnez-moi la palme qui est due
A mon zèle plein d'amour,
Et que mon âme repose
Dans les bras de son Époux.

Vous m'ouvrirez vos bras ;
Si j'ose vous en supplier,
C'est parce que vous ne regarderez pas
La dette énorme que j'ai contractée vis-à-vis de vous,
Et le peu que vous me devez.

Accomplissez, ô mon Époux, les conventions ;
Mon âme libre de ses liens
Est sûre de vos embrassements
Car pour lui donner vos embrassements
Vous m'ouvrez vos bras.

Si vous m'ouvrez vos bras,
Je vous donne mon âme comme butin.
Et dès lors que vous me l'avez prise,
Tournez vos yeux, ô mon Christ,
Vers celle à qui vous l'avez enlevée.

Dès lors que je vous ai donné mon cœur,
Que vos plaies soient ma consolation ;
Qu'elles servent d'entrée à mon âme,
Car elles sont les portes du ciel,
Qui ont été ouvertes pour moi.

Vous y avez des hôtes qui sont tels,
Que je ne sais si je trouverai place parmi eux.

Mais, me tenant au seuil,
Que je puisse, moi, pauvre femme,
Être dans la compagnie de tant d'illustres personnages !

> Mon âme vit de telle sorte,
> En gardant les lois de l'amour,
> Qu'elle attend de vous son remède.
> Puisqu'elle a un tel Agneau de Dieu
> Attaché à son chevet.

Prenez-moi pour vôtre,
Sans regarder ma pauvreté.
Dites-moi si je suis un chemin sûr.
Mais, puisque vous inclinez la tête,
Vous me dites que oui.

> Il est temps de voir maintenant
> Jusqu'où va l'amour,
> S'il est vrai que nous nous aimons.
> Car je viens me cacher
> Entre cet arbre et ses branches.

> Et alors, ô saint Époux,
> Votre amour infini
> Veillera sur moi,
> Puisque je me cramponne aux verrous
> Afin d'être dans votre sanctuaire.

Du dernier adieu
Je ne redoute pas les grandes souffrances,
Si, attachée à vous, ô mon Christ,
A l'heure de la mort
J'ai dans mes mains la vie.

Si je vous ai dans les mains
Avec vos grâces souveràines,
Nous sommes déṣormais unis tous les deux.
Un Dieu est en mes mains !
Et moi je suis dans les mains de Dieu !

## II [1]

Quand Dieu corrige,
Grandement il afflige.
Mais après une tempête,
Il envoie un jour serein.
Celui qui se confie en Dieu
N'aura' point de soucis.

Celui qui cherche un soutien sur la terre,
N'aura point de consolation.

Celui qui laisse de côté son jugement propre
Trouve promptement la paix.

La bonne discipline
Consiste à régler la volonté.

Si j'aime quelqu'un,
Ma vie est une mort.

Si je ne désire rien,
Ma vie est un repos.

(1).Bibl. Nat. de Madrid, Ms. 6. — La Fuente, II, Ap.
Sec. 2, n. 4. — Le P. Silv. n'en admet pas l'authenticité,
VI, Introd. LXIX.

Il n'y a pas de plus grande joie
Que de n'avoir pas de volonté propre.

C'est une croix amère,
Que cette volonté toujours insatiable.

Elle n'est pas la plus lourde,
La croix qu'on embrasse.

Si tu te fais des croix pour des riens,
Tu seras toujours crucifiée.

Que rien ne te trouble
De ce qui ici-bas a une fin.

Celui qui a des défauts,
S'il se mortifie, les fait disparaître.

L'amour fort et courageux
Est celui qui est mis à l'épreuve.

L'âme qui est patiente
Supporte tout facilement.

Celle qui ne sait pas souffrir
Sera toujours dans des angoisses mortelles.

Celui qui vit dans le renoncement
Trouve tout à souhait.

Celui qui cherche ce qui lui plaît
Trouve partout des difficultés.

La mortification (ou l'esprit mortifié)
Atténue l'affliction.

Celui qui aime Dieu sans ressentir la souffrance
A peu à faire.

Recherchez toujours le moyen
De vous trouver bien de tout.

Mais il est très bien d'avoir
Mauvaise opinion de vous-même.

Celui qui veut vivre heureux dans la religion
Doit faire taire ses passions.

  Dieu nous paye un service en nous donnant
  De lui en rendre un plus grand.  [l'occasion

Qu'il ne nous vienne aucun bien
Si nous allons contre la volonté de notre Bien !

  Que Dieu nous préserve
  D'avoir besoin des créatures !

Qu'il lui plaise que nous arrivions
A n'avoir besoin que de lui seul.

  On n'obtient jamais une fin
  Qui est recherchée par des vues humaines.


## III [1]


QU'EST-CE QUE L'AMOUR ?

  Écoute, mon cœur,
  Je te dirai ce que c'est que l'amour.


(1) La Fuente, t. II, Apend. Sec. 2, n° 5. — Le P. Silv.,
t. VI, Introd. LXIX et ap. CXXIII, ne regarde pas cette poésie
comme authentique.

> Quand l'amour accomplit
> Ce à quoi il est obligé,
> S'il montre de la faiblesse, s'il se fatigue,
> S'il se décourage, ce n'est pas l'amour.

Quand l'amour prie
Avec une douce attention,
S'il fléchit, s'il perd sa ferveur,
S'il s'inquiète, ce n'est pas l'amour.

> Quand il endure dans l'aridité
> Le tourment qui l'oppresse;
> S'il ne patiente pas, s'il n'est pas ferme,
> S'il se plaint, ce n'est pas l'amour.

Quand le Bien-Aimé s'absente,
Et le laisse dans l'affliction,
S'il se montre lâche, s'il se trouble,
S'il tombe dans l'abattement, ce n'est pas l'amour.

> Quand la Bonté divine
> Diffère d'exaucer la prière,
> S'il ne croit pas, s'il n'espère pas,
> S'il n'attend pas, ce n'est pas l'amour.

Quand l'amour
Est satisfait de lui-même
Parce qu'il aime, parce qu'il adore,
Parce qu'il sert Dieu, ce n'est pas l'amour.

> Quand dans l'adversité
> Et dans une tribulation quelconque
> Il n'est ni humble, ni joyeux,
> Ni affable, ce n'est pas l'amour.

Quand il est l'objet de faveurs
D'un prix plus ou moins grand,
S'il s'y affectionne, s'il s'y attache,
S'il en est rempli, ce n'est pas l'amour.


Réponse a la question : *Qu'est-ce que l'amour?*

Puisque rien de ce qui est dit
Ne peut à juste titre s'appeler amour,
Je vous le demande, mon cœur,
Ne me direz-vous pas ce que c'est que l'amour?

L'amour est une douce affection
De l'âme envers Dieu ;
Il aboutit à la charité,
Après avoir commencé par la dilection.

Si vous désirez souffrir
Pour qui a tant souflert pour vous ;
Si vous vous réjouissez dans la souffrance,
Et dans la croix, voilà l'amour.

Si vous souhaitez en ce monde
Vivre humilié
Et être méprisé de tous,
Pour Jésus, voilà l'amour.

Si vous ne recherchez point les louanges,
Si, quand on vous fait des éloges,
Vous les rapportez tout confus
A votre Bien-Aimé, voilà l'amour.

Si, au milieu des adversités,
Le cœur persévère
Dans la sérénité, la joie,
Et la paix, voilà l'amour.

    Si ta volonté en tout
    Tu contredis avec énergie,
    Pour donner la préférence à une volonté étran-
    Par obéissance, voilà l'amour.       [gère,

Si quand tu médites,
Tu n'attaches point ton cœur
Aux consolations qui découlent
De la prière, voilà l'amour.

    Si aux douceurs que tu éprouves
    Quand tu es en contemplation,
    Persuadée que tu ne le mérites pas,
    Tu renonces, voilà l'amour.

    Si tu reconnais ta bassesse
    Et la grandeur de Dieu,
    Si, te méprisant toi-même,
    Tu exaltes Dieu, voilà l'amour.

Si ton allégresse est la même
Dans la joie et dans l'affliction,
Si les peines et les contentements
Ne nuisent point à la ferveur, voilà l'amour.

    Si tu te trouves transpercée
    D'une douleur très aiguë,
    En voyant ton Bien-Aimé
    Offensé, voilà l'amour.

Si tu désires efficacement
Que toutes les âmes créées
Par la Toute-Puissance divine
Se sauvent, voilà l'amour.

 Enfin, si toutes
 Tes pensées, œuvres, paroles,
 Tu les offres en hommage
 A ton Bien-Aimé, voilà l'amour.


## IV [1]

### Sonnet a Jésus crucifié

Ce qui fait, ô mon Dieu, que je vous aime,
Ce n'est point le ciel que vous m'avez promis,
Par ailleurs, ce n'est point la crainte d'un enfer
       [si redoutable
Qui me fera éviter de vous offenser.

Ce qui fait, mon Dieu, que je vous aime, c'est vous,
       [c'est de vous voir
Cloué à cette Croix et tout ensanglanté ;
Ce qui le fait, c'est de voir votre corps si déchiré par
       [les coups ;
Ce qui le fait, c'est de voir vos opprobres et votre
       [mort.


(1) Il n'est pas vraisemblale que ce sonnet soit de la Sainte. — Cf. *El Monte Carmelo*, Burgos, Mayo-Agosto-Setiembre 1927.

Ce qui le fait enfin, c'est votre amour, et cela de
[telle sorte
Que, n'y eût-il pas de ciel, je vous aimerais,
Et n'y eût-il pas d'enfer, je vous craindrais.

Ce n'est nullement à cause de vos dons que je vous
[aime,
Car, alors même que ce que j'espère, je ne l'espére-
[rais pas,
L'amour que je vous porte, je vous le porterais
[encore.

# APPENDICES

———

## I. *Date de la naissance de la Sainte*

1° *Témoignage de la Sainte.* — Le mercredi, fête de saint Berthold, de l'Ordre du Carmel, le 29 mars 1515, à cinq heures du matin, est née *Thérèse de Jésus*, la *pécheresse* (*a*).

2°. *Témoignage de son père.* — Mercredi, 28 mars de l'année 1515, est née Thérèse, ma fille, à cinq heures et demie du matin environ. Je dis que ce fut ce mercredi, presque au point du jour. Elle eut pour parrain Véla Nuñez et pour marraine doña Marie del Aguila, fille de François de Pajarès (*b*).

(*a*) Cette note fut trouvée à la mort de la Sainte dans son bréviaire, dit le P. Gratien. — *Cronica de la provincia del Carmen de Portugal*, por José Pereira de S⁴ Ana, I, p. IV, c. 2. — La Fuente, I, *Escritos sueltos*, n° 1.

(*b*) Cf. *Año Teresiano*, 28 de Marzo, qui nous dit que ce document se trouvait au couvent des Carmes de Pastrana. — La Fuente, I, *Documentos...*, n° 1.

Comme on le voit, le témoignage du père est en opposition avec celui de la Sainte. Et il semble bien que l'erreur soit du côté de la Sainte. En 1515 la fête de saint Berthold, 29 mars, ne tombait pas un mercredi, mais un jeudi. Le

## II. *Testament de doña Béatrix de Ahumada, mère de la Sainte*

### 4 nov. 1528

Au nom de Dieu, Père, Fils et Saint-Esprit, qui sont trois personnes et un seul vrai Dieu qui vit et règne à jamais. Qu'ils sachent tous ceux qui liront cet acte de mon testament et connaîtront quelle est ma dernière volonté que moi, doña Béatrix de Ahumada, femme d'Alphonse Sanchez de Cépéda, mon Seigneur, habitant la très noble ville d'Avila, étant en pleine possession de mes sens et de mon

jour de la naissance de la Sainte eut lieu le mercredi, comme le répète deux fois son père. Par ailleurs, aux fonts baptismaux de l'église Saint-Jean, sa paroisse, l'autorité ecclésiastique a fait placer l'inscription suivante et vraisemblablement d'après les registres officiels : *Vigesima octava Martii Teresia oborta, Aprilis ante Nonas est sacro fonte renata MDXV : Née le 28 mars, Thérèse a été baptisée le 4 avril 1515,* — Mir, I, c. 3.

Son parrain, François Nuñez Véla, était le frère de Blasco Nuñez Véla qui fut nommé vers 1543 par Charles V premier vice-roi du Pérou. Le palais des Véla se trouve encore debout à côté de l'église de la Sainte, à Avila. — Sa marraine, doña Marie del Aguila, de la famille des Villaviciosa, Las Navas y Villafranca, avait pour père François de Pajarès, qui devait être un intime de la famille. C'est lui que doña Béatrix de Ahumada dans son testament du 4 nov. 1528 désigne pour son légataire et exécuteur testamentaire à côté de don Alphonse Sanchez de Cépéda son mari.

entendement, tel que Dieu a voulu m'en faire don, croyant et professant fermement ce que croit et professe notre mère la sainte Église, je fais mon présent testament à la gloire de Dieu et de la Bienheureuse Vierge Sainte Marie sa mère que je prends pour avocate en présence de la Majesté de son divin Fils. Premièrement je remets mon âme au Dieu Tout-Puissant qui l'a créée et rachetée de son précieux sang. De même, je remets mon corps à la terre d'où il a été formée. De même, je veux que quand il plaira à Dieu de me retirer de cette vie, mon corps soit enterré dans l'église du Seigneur Saint Jean d'Avila, à l'endroit que le dit Alphonse Sanchez de Cépéda trouvera bon. De même, je veux que l'on dise pour mon âme quatre cents messes, parce que ma volonté n'est pas qu'on fasse d'autre offrande, ni distribution que les quatre cents messes, dont cent devront être dites dans l'église du Seigneur Saint Jean d'Avila, où mon corps sera enterré, cent autres au monastère de Saint-Thomas d'Avila, cent autres au monastère de Saint-François d'Avila, et cent autres au monastère de Sainte-Marie du Carmel d'Avila, soit en tout quatre cents messes pour chacune desquelles je veux qu'on donne comme honoraire un demi-réal. De même, je veux que mon enterrement et mes funérailles, la neuvaine et le bout de l'an se fassent secrètement, selon la manière qu'il plaira à mes légataires et qu'ils payent pour cela ce qui leur conviendra, et rien plus. De même, je veux qu'on donne à chaque legs pieux cinq maravédis. De même, je laisse et institue pour mes légataires et exécuteurs testamentaires le susdit Alphonse Sanchez de Cépéda, mon mari, et le seigneur François de Pajares, habitant de la ville d'Avila, auxquels et à chacun desquels en particulier je donne les pleins pouvoirs que je possède actuellement, pour qu'ils exécutent mon testament et legs qui y sont contenus, et qu'après avoir accompli mon testament et les legs qui y sont contenus, je laisse pour mes héritiers universels et généraux afin qu'ils possèdent et aient en héritage tous mes autres biens, une fois exécuté mon testament, Ferdinand et Rodrigue et Laurent et Antoine et Pierre, et Jérôme et Augustin et Thérèse et Jeanne mes fils et filles et je révoque et annule tous autres testaments, legs ou codicilles que j'ai pu faire jusqu'à ce jour, par parole ou par écrit, et je veux que l'on ne donne aucune valeur ni aucune foi en justice et en dehors de là, si ce n'est à ce que je veux présentement. De même je veux et c'est ma volonté que doña Marie de Cépéda, fille d'Alphonse Sanchez de Cépéda, mon mari, ait cent ducats sur le cinquième de mes biens. Les témoins présents ont été Jean Jacon, gouverneur d'Avila, le licencié Fernand Vasquès, habitant d'Avila, Balthasar de Rioseco, habitant d'Avila, Thuribe Gomès et Antoine Gimenès, curé de Goterrendura, qui ont signé ici : Balthasar de Rioseco — Jean Chacon — le licencié Vasquès — Antoine Gimenès prêtre — Thuribe Gomès. Fait à Goterrendura, le 24 du mois de novembre, année de la Nativité de N.-S. J.-C. 1528, et comme c'est la vérité que cela s'est accompli devant moi, Martin Garcia, notaire public de Leurs Majestés, je l'ai écrit comme cela s'est passé et a été donné à l'un des dits témoins, et de là j'ai tiré cette copie jusqu'ici. En foi de quoi. *Doña Béatrix de Ahumada.*

# TABLE DES MATIÈRES

Imprimerie E. AUBIN ET FILS, à LIGUGÉ (Vienne).